AF368970

# MEMOIRES

## POUR SERVIR A
## L'HISTOIRE DE NOS JOURS.
### OU
# RECUEIL
## DE PIECES
### SUR LES AFFAIRES DU TEMS.

*Tome I. Premiere Partie.*

## PIECES POUR ET CONTRE
## LA DETENTION
## DU MARQUIS DE MONTI,

*Et des trois Bataillons François par les Ruſſiens.*

## A AMSTERDAM,
### Chez François Changuion.
### MDCCXXXV.

# TABLE

## DES

# ARTICLES

*Contenus en cette Premiére Partie.*



* 2    A CO-

# TABLE

# AVERTISSEMENT

## DU

## LIBRAIRE

LA Personne qui a pris le soin de ramasser les Piéces contenuës dans cette premiére Partie m'ayant assûré qu'elle étoit en état de me fournir sur chaque *Branche* des Affaires Politiques un, ou même deux Volumes plus amples que celui-ci, j'ai crû devoir prendre un Titre Général qui repondît au dessein que nous nous sommes proposé; sauf à ajoûter au commencement de chaque Partie celui qui convient aux Matiéres qui y font traitées. Quant aux Piéces qui surviendront concernant les Matiéres dont le Volume feroit déjà achevé d'imprimer, on les ajoûtera à la fin de celui qui fera commencé; fous le Titre de SUPLEMENT A LA... PARTIE DU TOME..., jufqu'à ce que, dans une nouvelle Edition, elles puiffent être placées dans leur ordre naturel.

Ce RECUEIL doit donc être confidéré comme un Ouvrage de longue haleine, ou pour mieux dire, comme

un

un Ouvrage perpetuel, puisque les Piéces Politiques ne manqueront jamais, pendant qu'il y aura entre les Puissances des Intérêts divers & des Pretentions oposées.

Sans faire ici un vain étalage de lieux communs pour prouver l'utilité de semblables *Recueils* ; sans pretendre non plus méprifer ceux qui pouroient être déjà établis, on se contentera de faire remarquer que l'ordre de celui-ci est nouveau & fort commode pour tous ceux qui ne se bornent pas à une notion superficielle des Points disputés entre les Souverains. Ceux-là feront charmés de pouvoir trouver une Collection exacte de *Piéces* & de *Mémoires*, dont la plus grande partie ne se rencontreroit nulle part ; & dont le reste est imprimé sur des Feüilles volantes & souvent en Langues Etrangéres. On peut aussi dire, sans vanité, que c'est rendre un service essentiel à ceux qui entreprendront d'écrire l'Histoire de nôtre Tems, que de leur ramasser en un seul Corps d'Ouvrage, tant d'excellents Materiaux.

Le Métier de simple Compilateur, quoique fort utile à la Republique des
Let

Lettres, n'eſt point propre à s'y faire un nom ; c'eſt pour ainſi dire, un Emploi de Manœuvre ; ainſi la Perſonne qui s'eſt chargé de fournir à ce *Recueil* n'a pas crû devoir y mettre ſon nom ; perſuadée que cette formalité ne ſeroit capable ni d'augmenter, ni de diminuer le Prix & le Debit de l'Ouvrage : Mais ſi cette Perſonne n'aſpire à aucune reconnoiſſance de la part du Public, elle eſpére auſſi qu'on ne la ſoupçonnera jamais de partialité, & encore moins de mauvaiſe volonté, en faveur, ou contre aucun des diférens Partis ; d'autant plus qu'elle ne met rien du ſien dans tout l'Ouvrage, & qu'on y raporte indiféremment les Griefs, les Raiſons & les Reponſes reciproques des unes & des autres Parties litigeantes, ou belligerantes, ſans y ajouter ni diminuer quoique ce ſoit. Si les Expreſſions ſont quelquefois trop vives, ce n'eſt pas au Compilateur qu'on doit s'en prendre, puiſque ce ne ſont point des Libelles qu'il publie, mais des Piéces authentiques, ou approuvées des Souverains au nom deſquels elles ont été compoſées. Après tout, on inſére bien tous les jours dans les Papiers Publics les Ma-
ni-

# AVERTISSEMENT

nifeſtes des Princes, où les termes les plus forts ne ſont certainement point épargnez. Tout cela ne peut être conſideré que comme des eſpéces de Plaidoyers, où chaque expreſſion ne doit pas être priſe à la rigueur.

Il ne me reſte qu'à dire un mot ſur la diſtribution de cet Ouvrage. Aiant fait attention que ſi j'attendois à le publier, juſqu'à ce que j'euſſe dequoi faire un Volume de 25 ou 30 Feüilles d'Impreſſion, la Curioſité du Public en ſoufriroit, & pluſieurs Piéces n'auroient plus l'agrément de la Nouveauté, je me ſuis determiné à le donner par Parties, & chaque Tome en contiendra deux à peu près de même groſſeur que celle-ci.

Ne doutant point que le Public ne faſſe un accueil favorable à cet Echantillon, la ſeconde Partie, *ſur les Affaires de Pologne*, ſuivra de près la prémiére, & ainſi des autres conſecutivement.

# RECUEIL DE PIECES,

SUR LES AFFAIRES DU TEMS.

## SUR LA DETENTION

## DU MARQUIS DE MONTI.

## DECLARATION.

*Faite de la part de Sa Majesté l'Imperatrice de toutes les Russies, aux Ministres de la Grande Bretagne & de L. H. P. sur ce que Sa Maj. Brit. & les Etats Généraux des Provinces-Unies ont bien voulu intercéder en faveur de Mr. le Marquis de Monti, aux instances des Ministres de France.*

PRimo: Sa Majesté Impériale ayant appris avec beaucoup de surprise, que de la part de la France on regarde la detention du Marquis de Monti comme une infraction

fraction du Droit des Gens, ne doute pas que le Ministère François ne reconnoisse lui-même qu'il n'y a que les Ministres publics, qui ne sortent pas des bornes de leurs fonctions, qui puissent pretendre à l'inviolabilité; & ceci uniquement à l'égard de la Cour où ils sont accreditez, & à laquelle ils ont été reçûs, & reconnus comme Ministres publics; étant notoire que le Marquis de Monti ne l'a jamais été auprès de S. M. I. Et cette seule consideration, quand même il n'y auroit rien à dire contre la conduite de ce Marquis, suffiroit pour convaincre la Cour de France, que du côté de la Russie il ne s'est rien passé par rapport à la detention de Mr. le Marquis, qu'on puisse en aucune maniere qualifier d'infraction du Droit des Gens.

Les prerogatives des Ambassadeurs, comme un chacun sait, n'ayant lieu, qu'entre les Puissances qui les envoyent & qui les reçoivent, l'extension que l'on voudroit donner à cet usage généralement établi & pratiqué jusqu'à present dans les Cours de l'Europe, paroîtroit sans doute fort étrange en France même; & de telles Maximes, outre qu'elles choqueroient absolument les vrais principes établis par le Droit des Gens, en faveur des Ambassadeurs, seroient tout à fait contraires à la Raison, & à l'obligation naturelle où tout le monde est de songer à sa propre conservation. C'est pour ces raisons que le Marquis de Monti ne peut pretendre de S. M. Imp. les égards que les

Puissan-

Puiſſances ſouveraines ont , conformement au Droit des Gens, pour les Ambaſſadeurs accredités & reconnus, lui qui a commis des hoſtilités ouvertes contre S. M. Imp. & qui merite bien qu'on le traite d'Ennemi à ſon tour.

II. Il paroît donc ſuperflus d'entrer en discuſſion, ſi Monſieur de Monti à conſervé le Caractère d'Ambaſſadeur après la mort d'Auguſte II.; cependant il eſt certain que le Plein-pouvoir d'un Ambaſſadeur expire auſſi bien par la mort du Prince qui l'a envoyé, que par le decès de celui auprès duquel il étoit accredité. Et avec cela ;

III. Le Marquis de Monti avouë lui-même, dans une Lettre qu'il a écrite au Feld-Maréchal Comte de Munich, qu'il n'a point eu de nouvelles Lettres de Creance après la mort d'Auguſte II. De plus ;

IV. Il eſt notoire, par la conduite que ce Marquis à tenuë juſqu'ici, qu'il a été à une Faction en Pologne, qui oſa proclamer pour Roi un Ennemi déclaré, non ſeulement de Sa Majeſté Imperiale, mais auſſi de ſa propre Patrie, au grand mépris des Conſtitutions du Royaume, desquelles Sa Majeſté eſt garante. Tout le monde étant d'ailleurs informé par quels artifices le Marquis de Monti a favoriſé & appuyé ce parti, il ſeroit inutile de s'étendre ici ſur ce ſujet. Enfin ;

V. Il declara lui-même, qu'il étoit Miniſtre Plenipotentiaire de *Staniſlas* , lorsqu'après l'inſulte faite aux Plenipotentiaires de Saxe à Varſovie, il fut requis par les Mi-

A 2

niſtres

niſtres Etrangers de faire cauſe commune, &
de s'intereſſer conjointement avec eux à la
ſatisfaction qu'ils pretendoient ſur cet atten-
tat. Et en cette qualité ;

VI. Il a publié à Dantzig des Ordres au
nom de *Staniſlas* ; il en a auſſi contre-ſigné
les Lettres, entre autres au Brigadier de la
Motte.

De tout ce qu'on vient de dire, il eſt évident que le Marquis de Monti ne ſauroit ſe
prevaloir du Caractere d'Ambaſſadeur ni de
l'Inviolabilité qui y eſt attachée, à l'égard de
S. M. l'Imperatrice de toutes les Ruſſies ;
qu'il eſt encore fort conteſté, ſi on a dû re-
connoitre ce Marquis en cette qualité après
le decès d'Auguſte II. ; qu'il a paſſé les bornes de ſa Commiſſion à pluſieurs égards ; &
qu'il a plutôt rempli les devoirs d'un Officier
de *Staniſlas*, que ceux d'un Ambaſſadeur de
France.

VII. Perſonne ne peut d'ailleurs ignorer
que depuis la mort d'Auguſte II , ce Marquis a exercé, juſqu'au moment de ſon arrêt, contre S. M. Imp. des hoſtilités ſi
ouvertes & ſi atroces, qu'un Ennemi declaré contre cet Empire n'en auroit pû faire d'a-
vantage, ayant pris à tâche d'exciter contre
S. M. Imp., non ſeulement la Pologne,
mais auſſi d'autres Puiſſances, avec lesquelles S. M. entretient une parfaite Paix & bonne intelligence, ſuivant les Alliances & Traitez reſpectifs qui ſubſiſtent entre Elles.

VIII. C'eſt à ſon inſtigation que l'on a
publié & diſtribué tant à Varſovie qu'à
Dant-

Dantzig des Libelles diffamatoires & feditieux ; fi toutes fois il ne les a pas forgés lui-même.

IX. Il a fait lever un Regiment qu'il a appellé de fon nom *le Regiment de Monti*, & l'a employé contre les Troupes Ruffiennes.

X. Il a commandé en perfonne dans la Ville de Dantzig & dans les Ouvrages exterieurs.

XI. Il a animé & encouragé, jufqu'à la derniere extremité, les Habitans de cette Ville, en partie par force, en partie par de vaines promeffes, à cette funefte opiniâtreté, contre S. M. Imp. & leur legitime Roi, qui auroit entraîné après foi leur entiere ruine, fi à la fin ils n'avoient eu recours à la Clemence de S. M. Imp.

XII. Il donna les ordres pour l'attaque du retranchement Ruffien entre Dantzig & Weichfelmunde, à laquelle le Comte de *Plelo* fut tué.

XIII. Il voulut forcer du depuis par des ordres reïterés, qu'il a fignés feul, ou conjointement avec *Staniflas*, le Brigadier de la Motte, à attaquer avec les Troupes Françoifes le Sommerfchantz, gardé par une Garnifon Ruffienne.

XIV. Il s'eft fait gloire d'avoir effectué & facilité l'évafion de *Staniflas*, Ennemi declaré de S. M. Imp. & de fes Alliez, dans le tems de la Capitulation avec la Ville de Dantzig.

XV. Nonobftant tous ces Actes d'hoftilités, il n'a pas fongé à demander un Paffe-

 port,

port, pendant tout le tems du Blocus & du Siége de cette Ville, ni même defiré qu'il fût compris dans la Capitularion.

XVI. Mais au contraire, il a écrit d'un air mocqueur & en des termes fort indécens au Général Feld-Maréchal de S. M. Imp. qu'il n'étoit pas neceſſaire de rien ſtipuler à ſon égard dans ladire Capitulation, étant, comme il dit, refolu de ſe rendre au Camp Ruſſien, & prêt à y ſoûtenir tous les malheurs qu'on lui preparoit (ou plutôt que ſa Conſcience lui faiſoit apprehender) & s'eſt ainſi rendu à diſcretion.

XVII. Après tous ces faits notoires & averez S. M. Imp. s'en rapporte entierement à la haute penetration & au jugement impartial de S. M. Britanique & de Leurs Hautes Puiſſances, ſi le Miniſtère François eſt fondé à reclamer la protection du Droit des Gens, au ſujet de la detention du Marquis de Monti & Elle leur donne ſeulement à conſiderer, ſi la condition des Puiſſances ſouveraines ne ſeroit pas bien plus fâcheuſe que celle d'un Particulier, au cas qu'il ne leur fût pas permis de traiter d'Ennemi celui qui, aprés avoir commis toutes ſortes d'hoſtilitez, eſt enfin reduit à ſe rendre à diſcretion?

Après tout cela, le Marquis de Monti, malgré ſa mauvaiſe conduite & ſes hoſtilitez commiſés contre la Ruſſie n'eſt que trop heureux d'être tombé entre les mains d'une Imperatrice, qui bien qu'Elle le regarde comme ſon Priſonnier, n'a pas laiſſé juſqu'ici,

de

de lui faire reſſentir les effets de ſa Clemence.

---

# DEDUCTION.

*Par laquelle on prouve que Mr. le Com-
te de Munich, Feld-Maréchal Général
des Armées de S. M. l'Imperatrice de
toutes les Ruſſies a pû, ſans violer en
aucune maniére le Droit des Gens, faire arrêter Mr. le Marquis de Monti.*

LE Public vient d'être informé par les
Lettres de Mr. le Marquis de Monti,
écrites à Mr. le Feld-Maréchal Général
Comte de Munich, qui ont páru dans les
Gazettes de divers endroits, que Mr. le
Feld Maréchal ayant demandé, la veille de
la Capitulation de Dantzig, qu'on lui livrât
Mr. le Marquis de Monti, celui-ci mar-
qua en termes exprès, qu'il ne ſeroit pas
neceſſaire d'y inſerer un Article à ſon ſujet,
attendu qu'il étoit lui-même prêt de ſe rendre avec tous ſes Domeſtiques & Equipages chez ſon Excellence M. le Comte de
Munich, au Camp des Ruſſiens, & d'y ſoûtenir tous les malheurs qu'on lui préparoit. *
Suivant cette Declaration, & à la propre requiſition du Marquis de Monti, il ne
fut rien ſtipulé à ſon égard dans ladite Capitulation, dont l'Article I V. porte

A 4

„Que

---

* (. Voï. ci-après, Piéce A. )

„ Que tous les Officiers & Soldats, de
„ quelque nation qu'ils foient, qui ont fervi en
„ cette qualité pendant le fiege, fans être à
„ la Solde de la Ville, feroient reçûs com-
„ me Prifonniers de Guerre par la Géné-
„ ralité Imperiale de Ruffie ". Et cet Article, comme on voit, ne favorife guéres
Mr. le Marquis de Monti, lequel pour a-
voir fait lever un Regiment, appellé par
lui-même le *Regiment de Monti*, & pour
s'être diftingué durant le Siége de Dantzig
par toutes fortes d'hoftilités contre les Troupes Ruffiennes, animant par de vaines promeffes les Bourgeois, auffi bien que la Garnifon, dans la Ville & dans les Ouvrages
exterieurs, à une refiftance opiniâtre, quoique en effet inutile & funefte aux pauvres
habitans, n'a que trop merité le traitement
qu'on lui fait.

Nonobftant la notoriété de fes demarches,
il s'eft avifé de protefter de violence, pretendant par les Réflexions qu'il a jointes à Sa Lettre du 30. Juin, être regardé comme Miniftre
& Ambaffadeur, & qu'en confequence fa detention feroit abfolument contraire au *Droit
des Gens* & à l'Inviolabilité des Ambaffadeurs, reconnuë de tout le monde ; aux-
qu'elles Réflexions Mr. le Feld-Maréchal a
repondu auffitôt, faifant voir en détail combien elle étoient foibles & mal fondées.

Il s'agit en cette affaire principalement de
ces trois points.

I. Si Mr. le Marquis de Monti a confer-
vé, comme il pretend, le Caractere d'Am-
baffa-

baſſadeur du Roi de France, & s'il n'en a
pas paſſé les bornes depuis la Mort d'Auguſte II. Roi de Pologne , juſqu'à la
priſe de Danizig?

II. Si en vertu de ce Caractere , quand
même il en ſeroit encore actuellemen revêtu, il pourroit pretendre l'inviolabilité à l'é-
gard de S. M. l'Imperatrice de toutes les
Ruſſies?

III. Si au contraire S. M. Imperiale
n'eſt pas en droit de s'aſſûrer de la perſonne de Mr. le Marquis de Monti, ſans
que pour cela le Droit des Gens ait aucu-
nement été violé?

I. Pour ſoûtenir l'affirmative de la premiere Queſtion, Mr. de Monti dit en ſa
„ Réflexion, ”qu'il a été reconnu (en qua-
„ lité d'Ambaſſadeur) par la Republique de
„ Pologne de même que du feu Roi, &
„ que tous les Miniſtres des Princes , qui
„ ſont en guerre avec la France, l'ont re-
„ connu en cette qualité, après la Mort
„ du Roi Auguſte; qu'il a traité avec eux,
„ qu'il n'a pas remis ſon Caractere entre
„ les mains du Roi ſon Maitre, & qu'il
„ n'a pas eu de nouvelles Lettres de
„ creance.

On ne veut pas lui conteſter le Caractere de Miniſtre accredité & d'Ambaſſadeur
auprès du Roi de Pologne & de la Republique du vivant d'Auguſte II. de Glo-
rieuſe memoire. Mr. de Monti peut dire à
cet égard *Fuimus Troes* , mais il n'en ſera
pas plus avancé au ſujet des preuves qu'il



pre-

pretend nous donner de son inviolabilité; & celui qui s'ingére de faire comprendre à d'autres le Droit des Gens & les Prerogatives des Ambassadeurs, devroit ne pas ignorer que la fonction d'un Ministre Public ne finit pas seulement par la mort de son Maitre, mais aussi par la mort du Prince auprès duquel il residoit.

*Il est certain*, dit WICQUEFORT *L. I. Sect. 30. que les mêmes causes, qui font cesser le pouvoir dans les affaires particulieres, font aussi expirer la Commission d'un Ministre dans les Affaires publiques. Le pouvoir de l'Ambassadeur cesse lorsque le Prince qui l'emploie n'est plus en état d'agir, ou que celui auprès duquel il est employé n'est plus en état de faire negocier avec lui, c'est-à-dire, par la Mort de l'un ou de l'autre.*

Cet Auteur remarque de plus, que même dans le Royaume de France, qui n'est jamais sans Roi, parceque *le Mort y saisit le Vif*, incontinent après la Mort d'Henri III, Jean Moncenigo, Ambassadeur de Venise, quitta sa fonction & son Caractere. Un tel renouvellement du Caractere d'Ambassadeur est encore plus necessaire en Pologne, où le Thrône demeure vacant jusqu'à l'Election d'un nouveau Roi, par laquelle la forme du Gouvernement, composé de trois Ordres; savoir le Roi, le Senat, & la Noblesse, doit être retablie en son entier. Suivant cet usage la fonction & le Caractere de Mr. de Monti ayant expiré à la Mort d'Auguste. II. & n'étant pas renou-
vellés

vellés ( car il avoüe lui même, *qu'il n'a point eu de nouvelles Lettres de creance* ) il importe peu que certaines perfonnes l'ayent encore regardé du depuis comme Miniftre public, & qu'il ait traité avec elles.

On peut condefcendre à ces fortes d'expediens, foit pour gagner du tems, foit pour d'autres confiderations politiques, comme *Wicquefort* le remarque fort bien ; & après en avoir fourni plufieurs exemples, il conclud que les Miniftres qui continuoient leurs Negociations après la mort du Prince auprès duquel ils étoient accredités, *n'avoient ni Lettres ni Pouvoir* ; pour faire voir que de tels exemples ne font valables qu'autant qu'on ne les contefte pas, & qu'ils ne prouvent abfolument rien au prejudice d'un tiers, ni ne fauroient tirer à confequence.

On a d'ailleurs des preuves en main, par lesquelles il paroît, qu'au mois de Juillet 1733. les Plenipotentiaires de Saxe, duëment accredités auprès de la Republique de Pologne, aiant été infultés au dernier point ( à l'occafion d'un certain Ecrit qu'on fit brûler publiquement ) tous les Miniftres E-trangers qui étoient pour lors à Varfovie convinrent d'en demander fatisfaction au au Primat ; Qu'enfuite Mr. de Monti, é-tant invité par le Nonce du Pape à faire en cette rencontre caufe commune avec les au-tres Miniftres & d'acceder à leur Protéfta-tion, le refufa tout court ( quoiqu'il defaprouvât hautement l'infulte en queftion ) fe fervant de ce pretexte remarquable, qu'il é-

toit

toit Miniſtre Plenipotentiaire de ce même *Staniſlas Lesczinsky*, que l'Auteur de l'Ecrit avoit ſi fort maltraité.

Sur ce pied-là Mr. de Monti conviendra qu'un Plein pouvoir que donne un Particulier, ou tout au plus un Candidat de la Couronne (tel qu'il qualifioit alors lui même *Staniſlas Lesczinsky*) ne le peut autoriſer à reclamer le Droit des Gens, ou l'inviolabilité des Ambaſſadeurs, ſi pour l'amour de ſon Candidat il ſe fait renfermer dans une Ville aſſiegée, & ſe voit enfin reduit à ſe rendre Priſonnier.

En cas qu'il veuille paſſer pour Plenipotentiaire de *Staniſlas* & en même tems pour Ambaſſadeur de France, il ſe contredit lui-même, lorsqu'il marque en termes exprès (comme on l'a rapporté ci-deſſus) *qu'il n'a point de nouvelles Lettres de Creance*. De plus, s'il pretend ſoûtenir un double Caractere en des occaſions favorables, il doit s'y conformer auſſi dans les conjonctures fâcheuſes; du moins il ne trouvera pas mauvais que Mr. le Feld-Maréchal Général Comte de Munich mette, à ſon tour, cette même distinction à profit & qu'il lui donne pour reponſe; qu'il a beaucoup de conſideration pour Mr. l'Ambaſſadeur de France, mais que les devoirs de ſa charge l'obligent à regarder comme ſon Ennemi & Priſonnier, le Plenipotentiaire de *Staniſlas Lesczinsky*; ce Plenipotentiaire, auſſi bien que ſon Principal, étant également Ennemis de la Ruſſie; distinction qui eſt approuvée par le célebre HUBERT, en ces termes:                    *Si*

*Si princeps Legatum ſuum patiatur eſſe Mi-*
*niſtrum pariter ejus ad quem mittitur, in hoc*
*ſine dubio conſentit, ut tanquam ſuus Miniſter ſit*
*ſanctus & ut miniſter ejus ad quem mittitur pro*
*ſubiecto habeatur. Si vellet totum eſſe ſanctum,*
*totum quoque ſuum faceret & retineret; In ju-*
*re civili. L. 3. Sect. 4. Cap. 2. §. 29.*

Par où eſt évident que l'Inviolabilité tant
vantée du Caractere des Ambaſſadeurs ſe
trouve reduite à des bornes fort étroites dans
le cas où l'Ambaſſadeur fait la fonction d'un
Miniſtre du Prince auprès duquel il eſt accredité. Mr. de Monti diſconviendra d'autant moins de l'application que l'on fait
de ce Principe à ſon égard, qu'il ſe peut
ſouvenir d'avoir contreſigné les Lettres de
*Staniſlas*; entre autres celles qui furent écrites, à Mr. le Brigadier de la Motte; * ce qui
convient parfaitement à un homme engagé
au ſervice de *Staniſlas*, & ne paroît nullement conforme à la dignité d'un Ambaſſadeur de France.

II. Suppoſons toutes fois que même après
la mort d'Auguſte II. Mr. de Monti ait
conſervé la qualité d'Ambaſſadeur, ſans que
ſon engagement auprès de *Staniſlas* y ait porté aucun prejudice; il ne ſauroit néanmoins
ſe prevaloir, à l'égard de la Ruſſie, de ce
qu'il avance en ſa 3. Réflexion, où il dit:
*Mon arrêt ſeroit contraire au Droit des Gens qui*
*eſt reſpecté par tout, & que perſonne ne peut*
*violer, puis qu'il intereſſe tous les Souverains,*
*dont non ſeulement les Ambaſſadeurs, mais*

tout

* (*Voï. ci-après, Piéce E. & ſuiv.*)

*tout ce qui leur appartient, eſt regardé comme
Sacré.*

Les Auteurs qui ont traité du Droit des
Gens, comme auſſi en particulier des Prerogatives des Ambaſſadeurs, & qui ont exami-
né à fonds les queſtions les plus épineuſes
ſur cette matiére raiſonnent tout autrement,
ſur le fait dont il s'agit, que Mr. de Monti,
qui fait tant de parade de ſon ſavoir à l'égard
de ces Droits, quoiqu'en effet il reuſſiſſe
fort mal dans l'application des Principes
qu'il établit, ne ſachant pas, ou du moins
ne faiſant pas attention que l'Inviolabilité
accordée par le Droit des Gens aux Ministres publics ne peut leur ſervir qu'auprès des
Princes où ils ſont envoyës, en vertu d'un
*Paɛtum tacitum* qui porte avec ſoi cette Maxime inconteſtable *Admiſit Legatum, ergo
promiſit Securitatem* ( V. THOMAS. *Juriſpr. Div. L. III. C. 9.*)Mais à l'égard d'un
tiers & dans le cas dont il s'agit ici entre
Mr. de Monti & la Généralité de Ruſſie,
comme le Paɛte tacite n'y ſubſiſte pas, auſſi
n'en peut-il reſulter aucune obligation : c'eſt
dequoi les Doɛteurs du Droit des Gens conviennent unanimement : En voici quelques
paſſages.

*Ea vero quam dixi lex* ( dit GROTIUS)
*de vi legatis non inferenda, intelligenda eſt eum
obligare ad quem miſſa eſt legatio ; atque ita do-
mum ſi admiſit quaſi ſcilicet ab eo tempore tacita
paɛtio intercceſſerit: De Jur. B. ac P. L. II.
C. 18. §. 5.* Voyez auſſi KULPISIUS,
*in Coll. Grotiano Exerc.* VIII. §. 2. HUBER.

*in*

*in Jur. Civil. L. III. Sect. 5. C. 5. §. 10.*
*Obligatio autem de non violando duntaxat inter*
*mittentes, & eos ad quos mittuntur legati in-*
*tercedit; ad tertium non pertinet.*

*J'ai dit ci deſſus* (c'eſt WICQUEFORT qui
parle) *que c'eſt le Souverain auprès duquel le*
*Miniſtre reſide, qui le doit faire jouir de la*
*ſureté que le Droit des Gens & la Foy publique*
*lui donnent, parceque depuis qu'il a admis le*
*Miniſtre, il entre dans un eſpece de Contrat*
*tacite qui l'y oblige indiſpenſablement. Mais le*
*Prince, qui fait arrêter dans ſes Etats un Am-*
*baſſadeur qui y entre, ou qui y paſſe ſans ſa*
*permiſſion, ne viole point le Droit des Gens.*
WICQUEFORT *Lib. I. Sect. 29. p. 433.*
Il dit auſſi *L. I. Sect. 15.*

*Il s'enſuit que les Princes qui n'ont point de*
*de connoiſſance du Caractere, ne ſont pas obli-*
*gés de reſpecter le Miniſtre; auſſi ne péchent-*
*ils point contre le Droit des Gens s'ils le trai-*
*tent d'égal avec les autres particuliers.* Enfin
*L. I. Sect. 14. p. 177. Un Souverain ne*
*reconnoît point un Miniſtre public qui n'a*
*point de Lettres de Creance pour lui.*

Il eſt évident, par les preuves que nous
venons de rapporter, que ce Droit ne protege en aucune façon le Miniſtre à l'égard
d'une Puiſſance où il n'eſt point accredité &
que par conſequent Mr. de Monti ne ſauroit
ſe prevaloir de cette inviolabilité par rapport
à S. M. l'Imperatrice de toutes les Ruſſies,
ou de la Généralité Ruſſienne, attendu qu'il
n'a point eu des Lettres de Creance pour S.
M. & qu'en cette conſidération il ne peut

paſſes

paſſer que pour ſimple particulier. C'eſt ainſi que *Wicquefort* s'explique ſur ce ſujet, *L. I. Sec. 29. §. penult. J'ai parlé ailleurs des Ambaſſadeurs qui ſe trouvent dans un pais ſans Lettres de Creance pour le Souverain du lieu, c'eſt pourquoi j'ajouterai ſeulement ici que cet Ambaſſadeur ne peut être conſideré que comme Particulier par le même Souverain.* Et s'il arrive dans ce cas que le Souverain offenſe le Miniſtre Public, ſans que celui-ci ſoit trouvé coupable, on pourroit dire que les Droits d'Hoſpitalité & d'Amité ſeroient violés par un telle action : mais on ne ſera jamais fondé de ſoûtenir que le Droit des Gens en eſt bleſſé.

*Tale ſi nihil ſit* ( dit Grotius à l'endroit cité) *& male tractentur legati, non illud jus Gentium de quo agimus, ſed amicitia & dignitas aut ejus qui miſit aut ejus ad quem eunt violata cenſebitur.*

III. Cette derniere remarque ne ſauroit pourtant avoir lieu que dans la ſuppoſition que le Miniſtre public puiſſe juſtifier ſon innocence, ou que du moins ſa conduite ſoit irreprochable à l'égard de la Puiſſance auprès de laquelle il eſt acredité. Quant au premier cas, *Hubert* y rapporte l'exemple de *Charles* V. qui fit tuër deux Ambaſſadeurs, *Rincon* & *Fregoſe*, lorſqu'ils paſſoient par l'Italie, étant envoyés à la Porte Ottomane par François I. Roi de France. Pour le ſecond, nous en avons vû en 1717, un Exemple fort remarquable que *Lamberti* rapporte tout au long au Tome X de ſes *Memoires*; par où

on

on peut voir que L. H. P. les Etats Généraux jugerent à propos de faire arrêter, à la
requifition du Roi de la Grande Bretagne,
le Baron de *Goertz*, auffi bien que fon Secretaire & fa Chancellerie; quoique ce Miniftre fût muni des Pleins-pouvoirs de Charles
XII. Roi de Suede, & qu'il n'eût formé
aucun deffein direſtement contraire à la Republique. Mais fi un Ambaffadeur eft coupa-
bles de forfaits, ou d'hoftilités commifes
contre une Puiffance où il n'eft point accredité, tous les Auteurs qui ont écrit fur le
Droit des Gens tombent d'accord que celle-
ci eft en plein droit de le faire emprifonner &
même de le punir de mort.

G R O T I U S *L. XII. C.* 18. §. *Non pertinet ergo hæc lex ( de vi legatis non inferenda)
ad eos per quorum fines non acceptâ veniâ tran-
feunt legati, nam fi quidem ad hoftes eorum
eunt, aut ab hoftibus veniunt, aut alioqui hoftilia moliuntur, interfici etiam poterunt, mul-
toque magis vinciri.*

H U B E R T *L. III. S.* 4. *C.* 2. §. 20. *Qui
( nempe tertius ad quem non miffi funt legati )
proinde contra jus Gentium non peccat, fi lega-
tos qui hoftilia moliuntur tanquam hoftes accipiat
iisque damnum aut exitium inferat; ejus rei
exempla hiftoriæ multa fuppeditant.*

Voyez W I C Q U E F O R T *L. I. S.* 29.
*p.* 427. *& feq: & L. I. S.* 17. *p.* 17. *& p.* 189.
*Sans cela.* (c'eft-à-dire, fi l'Ambaffadeur
n'a pas demandé des paffeports) *le Prince
n'eft pas obligé d'admettre l'Ambaffadeur de fon
Ennemi, ni de le refpeɟter dans un lieu où fes*

armes *peuvent agir selon les loix de la Guerre, sans violer le Droit des Gens.*

BUDDEUS; *Elem. Philos. Pract. P. III. C. 2. §. 26. Nec Legatorum sanctitas eousque se extendit ut si per territorium hostis ejus ad quem mittuntur transeant, non debeat violari: finis enim legationum, sine hocce jure obtineri potest: nec obstat quod summum imperantem referant, namque & ipsi summi imperantes ab hoste lædi possunt; ergo multò magis qui eos repræsentant legati, nisi lex specialis aut conventio intercedat.*

THOMASIUS; *Jurispr. Div. L. III. C. 9. §. 66. Delictum ( scilicet legati ) sive inerme sit, sive armatum, hoc est sive ad seditionem inclinet animos subditorum, aut conjuret ipse aut conjurantibus consilio aasit, sive cum rebellibus, aut hostibus gladium educat, aut comites suos contra statum publicum armet, vindicari poterit etiam per internecionem legati, non quidem ut subditi, sed ut hostis, quia nec ipse Princeps ejus si talia tentaret, meliorem tractationem expectare deberet.*

Qu'on juge après cela si les decisions de ces Illustres Auteurs, sur le fait de Mr. le Marquis de Monti, ne lui conviennent pas mieux que la pretenduë inviolabilité qu'il étale avec tant de presomption en ses Lettres à Mr. le Comte de Munich.

Car sans lui reprocher que dès le decès d'Auguste. II. il s'est donné toutes les peines du monde, afin de faire monter sur le Trône de Pologne *Stanislas Lesczinsky*, ce qui ne pouvoit s'executer sans le renversement

ment

ment des Conſtitutions du Royaume, deſ-
quelles S. M. l'Imperatrice eſt garante; qu'il
a de plus introduit à la Diéte d'Election ce
même *Staniſlas*, Ennemi non ſeulement de
S. M. l'Imperatrice & de l'Empire Ruſſien,
mais auſſi de ſa propre Patrie, & declaré pour
tel par pluſieurs Conſtitutions publiées aux
Diétes générales de Pologne: qu'il a facilité & effectué par-là une Election, nulle à
la verité, & de nulle valeur en elle-même,
mais qui a été pourtant la cauſe & la ſource
feconde des malheurs infinis & de l'oppreſ-
ſion ſous laquelle tant de Polonois bien-in-
tentionnés pour leur Patrie gemiſſent encore: ſans le charger, dis-je de ces reproches,
comment ſe peut-il laver de tant d'enormi-
tés dont il s'eſt enſuite rendu coupable?

A Varſovie, auſſi bien qu'à Dantzig, il a
fait diſtribuer publiquement des Libelles diffamatoires, leſquels, s'il n'en eſt pas lui-même l'Auteur, ont du moins été faits à ſon
inſtigation: Depuis qu'il s'eſt retiré à Dantzig avec ſon Candidat, il n'a ceſſé d'exciter
contre S. M. l'Imperatrice des Ruſſies, non
ſeulement la Pologne, mais auſſi des Puiſſances Etrangeres; il a fait lever un Regiment qui a combatu effectivement contre les
Troupes de S. M. Imp.; lequel Regiment
il a lui-même commandé, & s'eſt ſur-tout
diſtingué par la defenſe d'une Ville alors Ennemie; il a été cauſe de la reſiſtance opiniâtre qu'elle a fait & des malheurs qui s'en
ſont enſuivis; il a ordonné à Mr. le Brigadier de la Motte d'attaquer le Retranchement



Ruſ-

Ruſſien ; & ce deſſein ayant échoüé, il a pour ainſi dire, voulu forcer cet Officier, avec les trois Regimens François, d'attaquer encore le Sommerſchantz ; & par tout ce que l'on vient de rapporter il a été cauſe du ſang repandu par toute la Pologne ; il s'eſt enfin, ſelon ſon propre aveu, employé à faciliter la fuïte de *Staniſlas*, qui ne peut ſervir qu'à fomenter la fatale desunion des Polonois & qu'à entretenir les troubles dans le voiſinage de la Ruſſie ; de ſorte qu'on peut regarder Mr. de Monti comme l'inſtrument & la cauſe principale des maux qui affligent la Republique.

Ces circonſtances bien conſiderées, on demande à tout homme raiſonnable & impartial, ſi Mr. le Feld-Marêchal Général Comte de Munich n'a pas été en droit de faire arrêter Mr. de Monti, après que celui-ci, pendant le Blocus & le Siege de Dantzig, c'eſt-à-dire, pendant l'eſpace de cinq mois, n'a point demandé de Paſſeports, juſqu'à ce qu'il s'eſt vû à la fin obligé de ſe rendre au Camp des Ruſſiens, lorſque la Ville étoit prête à capituler ?

Et ne ſeroit-il pas à tous égards ridicule de prétendre que l'on rendît auſſi-tôt la liberté à une perſonne, qui n'ayant jamais été accreditée auprès de S. M. I. a pouſſé juſqu'à l'extremité les hoſtilités contre la Ruſſie ; & qu'on lui donnât par cette voye le moyen d'executer ſes mauvais deſſeins ? Si le Droit des Gens rendoit impuniſſable de telles Hoſtilités, on pourroit ſoûtenir a-

vec

vec autant de verité, qu'il fut également violé en la perſonne du Comte de Plelo, Ambaſſadeur de France (dont perſonne ne peut
revoquer en doute le Caractère) lorſqu'il
fut tué en attaquant le Retranchement des
Ruſſiens. Si les Boulets des Aſſiegeans ont
manqué Mr. de Monti ſur les Remparts
de Dantzig & dans les Ouvrages exterieurs,
ç'a été un hazard tout pur, qui ne peut
lui procurer aucune impunité, ni le garantir du reſſentiment de S. M. Imp.

*Tout Ambaſſadeur* (dit WICQUEFORT
*L. I. Sect. 29. p. 429.) qui prend parti,
perd le Privilege de ſon Caractere, auſſi bien que
l'Eccleſiaſtique qui eſt pris aiant les Armes à la
main.* C'eſt auſſi le ſentiment de GROTIUS
*L. II. C. 18. §. 4. N. 7. Quod ſi vim ar-
matam intentet legatus, ſane occidi poterit.*

En effet, le ſort de Mr. le Marquis de
Monti a été plus doux que celui du Comte de Plelo, qui a d'abord payé de ſa vie
la temerité qu'il eut d'attaquer le Retranchement des Ruſſiens; au lieu que l'autre,
après avoir ſi long-tems, & en tant de rencontres merité l'indignation de S. M. I. en
a été juſqu'ici quitte pour une detention aſſés ſupportable.

Comme on a fait mention ci-deſſus de
l'arrêt de M. le B. de Goertz, il ne ſera
pas hors de propos d'inſérer ici, pour plus
grand eclairciſſement de cette matiere, l'Extrait du Regiſtre des Reſolutions de L. H.
P. où l'on verra plus au long les motifs
qu'Elles avoient d'en uſer ainſi, laiſſant au

B 3

mon-

monde impartial à juger de ces raisons, auſſi bien que de celles que l'on a raportées ci-deſſus, touchant l'arrêt de Mr. de Monti. Sans faire le parallele du Baron de Goertz & de ce Marquis, cette reflexion ſe preſentera d'abord d'elle même, que ce dernier n'a pas ſeulement tramé des deſſeins pernicieux contre un Allié de la Ruſſie, mais qu'il a réellement commis des Hoſtilités contre S. M. I. & ſes Troupes devant Dantzig. Voici comme L. H. P. s'en expliquent dans ladite Reſolution.

„ Qu'il eſt notoire à tout le monde que
„ L. H. P. ont le bonheur de vivre non
„ ſeulement avec S. M. Britannique en
„ paix, en amitié & en bonne intelligence,
„ mais auſſi qu'il ſubſiſte entre S. M. & L.
„ H. P. des Traités très-etroits & des En-
„ gagemens forts pour une mutuelle defen-
„ ſe, & ſpecialement pour le maintien de
„ la ſucceſſion de S. M. & de la Ligne
„ Proteſtante à la Couronne de la Grande
„ Bretagne, qui ne ſauroit être renverſée
„ ſans un danger extrême pour la Religion
„ Proteſtante & pour leur Etat. De ſorte
„ que L. H. P. ont un intereſt très-eſſen-
„ tiel dans le maintien de Sadite Majeſté ſur
„ le Trône de la Grande Bretagne & de la
„ ſucceſſion dans la Ligne Proteſtante, eu
„ égard à leur Religion & à la propre con-
„ ſervation de l'Etat; outre l'obligation é-
„ troite des Traittés & Alliances: Qu'il y
„ a preſentement plus d'un an qu'en ver-
„ tu de cela L. H. P. ont été obligées
„ d'en-

„ d'envoyer en Angleterre un ſecours de
„ 6000. hommes pour aſſiſter Sa Majeſté
„ contre ceux de ſes ſujets qui avoient pris
„ les Armes & contre l'invaſion du Preten-
„ dant, lequel aiant été chaſſé du Royau-
„ me, la Rebellion etouffée, & leurs Trou-
„ pes renvoyées, il n'y a rien de plus natu-
„ rel ni de plus raiſonnable que L. H. P.
„ aident à prendre, autant qu'il depend d'El-
„ les, toute precaution pour n'être plus re-
„ duites à la neceſſité de devoir donner de-
„ rechef de pareils ſecours ſelon leurs En-
„ gagemens.   C'eſt pourquoi Elles ont été
„ portées à faire ce qui a été fait ici, à l'e-
„ gard du Sr. Baron de Goertz; d'autant
„ plus que S. M. a ſecrettement fait don-
„ ner avis, qu'on travailloit ſous main à ex-
„ citer une nouvelle Rebellion dans les
„ Royaumes de S. M. pour la detrôner,
„ pour renverſer la Religion Proteſtante,
„ & pour faire monter ſur le Trône un
„ Pretendant Papiſte; & qu'entre autre le
„ dit Goertz étant ici, avoit mis la main dans
„ ces intrigues qui regardoient ſi loin, que
„ pour les prouver S. M. fit communi-
„ quer des Lettres écrites ſur ce ſujet, &
„ interceptées, priant qu'on voulût arrêter
„ & faire garder la perſonne dudit B. de
„ Goertz avec ſon Secretaire & ſes Papiers.
„ Si l'on fait reflexion ſur la ſituation de
„ l'affaire, ſur les obligations & l'intereſt de
„ l'Etat, on doit avoüer qu'on n'a pû fai-
„ re moins que de deferer à la requiſition
„ de S. M. Britannique dans une affaire ſi

B 4

„ con-

,, confiderable & de fi grande confequen-
,, ce. Que L. H. P. font entierement per-
,, fuadées & qu'il confte fort clairement de
,, ce que deſſus, que l'arreſt dudit Goertz,
,, & de fa fuite, n'a pas été faite fans rai-
,, fon, ainfi qu'il eſt exprimé à tort dans la
,, dite Declaration.  Qu'Elles croyent auffi
,, qu'il n'eſt pas moins clair & evident, qu'on
,, n'a rien fait dans ce cas contre l'Amitié &
,, les Traités qui fubfiſtent entre la Suede &
,, l'Etat, ni contre les Droits de tous les
,, Gens, d'autant qu'il n'eſt pas à la con-
,, noiſſance de L. H. P. que l'Amitié qu'El-
,, les ont l'honneur d'entretenir avec S. M.
,, de Suede, exige en quelque maniere, ni
,, que les Traités portent, qu'Elles perme-
,, troient, & ne pourroient pas empêcher,
,, autant qu'il leur feroit poffible, de tramer
,, dans le territoire de leur Etat, des defleins
,, directement contraires à leurs Alliances &
,, Engagemens avec d'autres Puiſſances &
,, même à l'intereſt de l'Etat''. Voyez LAM-
BERTI. *Tom. X. pag.* 65 & 66. où
l'on trouve jufqu'à la page. 82. toutes les
Pieces qui parurent en ce tems-là au fujet dudit Arrêt du Baron de Goertz en Hollande & de la détention du Comte de Gyllem-
bourg en Angleterre; comme auffi les Re-
folutions prifes à cet égard, par la voye de
Reprefailles, contre les Miniftres de S. M.
Brit. & de L. H. P., Mrs. Jackfon & Rumpf
à la Cour de Suede; & entr'autres la Lettre
qui fut imprimée en cette occafion à la Haye,
& diftribuée par ordre: Cette Piéce merite

fur-

fur-tout une attention particuliere.

C'eſt d'ailleurs en vain que Mr. le Marquis de Monti allegue comme une raiſon en ſa faveur, dans ſa Lettre au Feld-Maréchal Comte de Munich, qu'il n'y a point de guerre declarée entre la France & la Ruſſie. La mort de feu Mr. de Plelo & la priſe de la Fregatte Ruſſienne, nommée *Mittau*, l'auroit pû convaincre que du moins l'affaire eſt aſſez ſerieuſe. Il eſt vrai que les Hoſtilités dont il s'agit n'ont été precedées d'aucune Declaration formelle de Guerre, mais de quelque maniere qu'on enviſage cette circonſtance, elle ne paroît guéres favorable à Mr. de Monti.

*Indictio belli* (dit THOMASIUS; *Juriſpr. Div. L.* III. *C.* 9. §. 50.) *per Præconem aut Legatum facta, eſt tacita quædam profeſſio ex præſcripto rectæ rationis, hoc eſt cum intentione pacifica illud gerendi; è contrario bellum prorſus implacabile illud eſt quod non denunciatur.* Voyez GROTIUS *de jure B. & P. L.* III. *C.* 3. §. 10. 11.

La Declaration faite, de la part de S M. l'Imperatrice, à M. de la Motte contient les Reflexions neceſſaires ſur un tel procedé; pour paſſer ſous ſilence le mauvais traitement que l'on a fait aux Officiers & à tout l'equipage de ladite Fregatte, leſquels ont été depouillés juſqu'à la chemiſe & leurs hardes venduës. * Pendant que du côté de la Ruſſie on n'a eu garde de traiter avec autant de dureté les trois Régimens Fran-

* (*Voïez ci-après les Piéces citées au ſujet de la detention des* 3. *Bataillons François* ( P. G. *& ſuiv.*)

François, dont les Attestations feront connoître, en France même, combien on leur té-
moigne de bontés en ce païs, où ils sont entre-
tenus aux fraix de S. M. Imp. Tout cela ne peut
que mettre les Officiers commandant les Vaisseaux François dans leur tort, sans donner le
moindre avantage à Mr. de Monti.

Pour ce qui regarde les Instructions que
ce Marquis dit avoir suivies, ce sera à lui de
justifier devant le Roi son Maitre la conduite qu'il a tenuë jusqu'ici. Cependant on ne
pretendra point que S. M. Imp. ait égard
à des Instructions qui n'aboutissoient qu'à
detruire la Liberté de la Pologne & qu'à
rompre les mesures que S. M. avoit été in-
dispensablement obligée de prendre pour le
repos de ce Royaume.

*Illud autem absurdum* (dit THOMASIUS
*Jurispr. Div. L. III. C. 9. §. 76.) quod
quidam arbitrantur impune licere legato exequi
quidquid sibi à Principe est mandatum, delict-
tum vero soli principi imputandum esse, nam
hoc pacto legato plus liceret in alieno solo quam
ipsi ejus, si adesset, Principi, è contra mi-
nus posset in suâ ditione Princeps quam in
domo suâ Paterfamilias.*

Quand même Mr. de Monti n'auroit rien
entrepris contre les interets de la Russie, l'attaque du Retranchement Russien qui s'est faite
par ses ordres, & les Instructions données à
Mr. de la Motte, pour l'attaque du Sommer-
schantz, gardé par les Troupes Russiennes, *

suf-

* *Voïez ci-après les Lettres de Mr. de Monti* (P. B.
*& suiv.)*

suffifent pour le declarer Ennemi de cet Empire; en confequence de quoi il étoit du devoir de la Generalité Rusfienne d'arrêter M. de Monti, qui s'étoit rendu à difcretion, comme Prifonnier de Guerre.

Il eft vrai qu'une Puiffance, entrant en guerre contre une autre, donne ordinairement au Miniftre du Prince Ennemi la permiffion de fe retirer & lui fait expedier pour cet effet les Pafleports neceffaires: Mais ces fortes de civilités ne fe pratiquant qu'à l'egard des Miniftres qui ne font pas fortis des bornes de leurs fonctions, ou qui entrent dans un Païs ennemi pour y entamer des Négociations de Paix, ne font en aucune façon applicables au fujet de Mr. de Monti.

Il faut principalement remarquer en toute cette affaire, que tout ce que le Droit des Gens a établi en faveur des Miniftres Publics, n'a nul rapport au cas dont il s'agit ici, ni à la perfonne de Mr. de Monti & que par confequent, il fe retranche fort mal à propos fur ce Droit & fur fon Caractere d'Ambaffadeur, à l'égard de S. M. I. Car en effet, on n'a jamais contefté que le Caractere d'un Ambaffadeur ne fût inviolable pour fa perfonne auffi bien que pour toute fa fuite, à moins qu'il ne fe rende foi-même coupable de Crimes atroces contre la Majefté du Souverain, ou contre le Repos Public.

Mr. de Monti qui agiffoit en Ennemi jufqu'à

qu'à la fin du siége, ne voulut point qu'on fît mention de lui dans la Capitulation de la Ville, & ne daigna pas seulement demander au General Russien un Passeport : Il ose au contraire, se vanter en sa Lettre ; *que rien ne lui seroit plus glorieux que d'être maltraité en cette rencontre* ; de sorte qu'il n'auroit aucun sujet de se plaindre si on le traitoit avec autant de rigueur que sa vanité le merite, suivant l'ancienne Regle de Droit, *Volenti non fit injuria.* Mais la Clemence de S. M. Imp. qui a eclaté en tant de rencontres infiniment plus importantes, lui pardonnera bien cette Rodomontade.

Cependant il est fort malseant à Mr. de Monti de s'emanciper, au mepris du même Droit des Gens auquel il appelle tant de fois & d'insulter des Puissances Souveraines auprès desquelles il n'a jamais été accredité, comme il paroît par les expressions dont il s'est servi dans sa Lettre au General Feld Maréchal ; entre autres au sujet de l'evasion de *Stanislas.* A quel danger toutes les Puissances du monde ne seroient-elles pas exposées s'il étoit permis aux Ministres Etrangers, sur tout à ceux qu'elles n'ont jamais reconnus, de commettre impunement contre elles les plus grands excès, comme Mr. de Monti a osé le faire ?

D'ailleurs S. M. I. n'ordonnera jamais, ni ne permettra à aucun de ses Sujets de faire des actions contraires au Droit de Gens & à l'Inviolabilité des Ministres Publics : mais ce Droit & cette Inviolabilité n'aiant

rien

rien de commun avec le cas dont il s'agit,
ce n'eſt pas-là ce qui decidera de la deſtinée
de Mr. le Marquis de Monti.   Son ſort
dependra en partie de la conduite que la
Cour de France tiendra en cette rencontre
& de la maniere dont elle s'expliquera ſur
ſon ſujet, mais principalement du bon plai-
ſir & de la Clemence de S. M. Imp. Et dans
le deſaſtre arrivé à ce Marquis, il doit s'eſ-
timer heureux, non pas d'avoir été revêtu du
Caractere d'Ambaſſadeur de France,   dont
il fait tant de parade, mais d'être tombé entre les mains d'une Princeſſe magnanime,
qui a les mêmes ſentimens de Generoſité que
T A C I T E * attribuë à un Empereur des Romains,   au ſujet d'un de ſes Ennemis decla-
rés : *Meritum quidem*, dit· il, *noviſſima exempla Mithridatem, nec ſibi vim ad exequendum
deeſſe ; Verum ita majoribus placitum quanta
pervicacia in Hoſtem, tanta beneficentia ad ver-
ſus ſupplices utendum ; nam triumphos de po-
pulis regnisque integris adquiri.*

* ( *Annal.* XII. §. 20. *in fine.* )

PIE.

# PIECES CITE'ES,

*Dans les Ecrits que la Cour de Ruſſie a produits, au ſujet de l'Arrêt de Mr. le Marquis de Monti, & de la detention des trois Bataillons François.*

## (P. A.)

MONSIEUR.

MEſſieurs du Magiſtrat de Dantzig vien-nent de me communiquer la Lettre que Vôtre Excellence leur a écrite, où Elle demande mon Extradition. Je vois avec douleur, par rapport à vous, Monſieur, qu'il n'eſt que trop vrai ce qui m'avoit été dit par pluſieurs perſonnes, que Vôtre Excellence me demandoit pour me mettre en captivité. J'avois, je l'avoüe, regardé ces diſcours comme tenus, non par des perſonnes atta-chées à vôtre Reputation, mais par vos En-nemis, d'autant plus qu'il s'eſt paſſé entre nous des Complimens reciproques, qui ſe pratiquent parmi les Miniſtres & les Gene-raux des plus grands Princes; mais je vois qu'ils ne ſont que trop vrais, par la Lettre que Vôtre Excellence vient d'écrire au Ma-giſtrat. Je ne pouvois jamais m'imaginer
qu'u-

qu'une perſonne comme Vôtre Excellence, Miniſtre & General d'une ſi vaſte Monarchie, & d'une ſi grande Princeſſe, ignorât ce qui eſt dû au Caractère ſublime dont j'ai l'honneur d'être revêtu; Caractère reſpecté dans les tems les plus reculés, & dans les modernes, chès les Nations les plus Barbares. Je ne detaillerai point à Votre Excellence les Droits d'un Ambaſſadeur, parceque je crois qu'ils vous ſont fort connus; perſonne dans le monde, du plus grand au plus petit, ne les ignore. Je ſerois bien fâché que Meſſieurs du Magiſtrat & les Ordres de la Ville de Dantzig, qui connoiſſent ſi bien les prerogatives relevées de mon Caractère, ſoufriſſent qu'on brûlât une Amorce de plus pour moi. Ils ſoûtiennent depuis près de 5 mois les malheurs d'un Blocus & d'un Siége ; & je ne veux pas que les égards qu'ils auroient ſans doute pour moi les augmentent. Quoique je ſois bien ſûr que leur probité ne leur permettroit jamais cette Extradition, quand la Ville de Dantzig ſera d'accord ſur les Articles de la Capitulation, il ne ſera pas neceſſaire d'y inſérer celui qui me regarde; je me rendrai avec tous mes Domeſtiques & Equipages au au Camp de Vôtre Excellence, prêt à ſoûtenir tous les malheurs qu'Elle me prepare. Rien ne me ſera plus glorieux que d'y être maltraité, juſqu'à ce que les Plaintes que tous les Souverains, intereſſés à la conſervation de leurs Miniſtres, & celles du Public, parviennent à Vôtre Auguſte Maîtreſſe;

fe ; & je fuis bien fûr que la parfaite con-
noiffance qu'Elle a des prerogatives d'un Miniftre de mon Caractère, fera changer ma
fituation, mais non vos ordres, parcequ'il
eft impoffible que vous en ayez de pareils.
J'avoüe à Vôtre Excellence que l'evenement
qui vient d'arriver depuis 3 jours doit la fâ-
cher ; mais je ne puis qu'y faire. Il n'y a
que moi & quelques uns de mes Domeftiques qui y ayent part, & toutes les rigueurs
que vous exercerez, Monfieur, à cet égard,
contre les Polonois & contre la Ville de
Dantzig feront injuftes. Je prie Vôtre Excellence de me donner une promte Reponfe, pour que je puiffe me mettre en état de
l'aller joindre, quand Elle fera convenuë
de la Capitulation.

P. S. Je crois bien faire de joindre quelques Reflexions fur le cas dont il s'agit, qui
peut-être ne fe font pas encore prefentées à
Vôtre Excellence.

---

# REFLEXIONS.

I. *IL n'y a point de Guerre déclarée entre
la France & la Ruffie.*

II. *Quand même la Déclaration de Guerre
feroit faite, l'ufage eft qu'on donne des Paffeports aux Miniftres qui font dans les Cours qui
entrent en Guerre, pour fortir des Etats. A
plus forte raifon je dois l'avoir, parceque je
fuis dans une Ville de la Republique de Polo-*
*gne,*

gne, qui m'a reconnu dans un tems de tranquilité, de même que le feu Roi; & que tous
les Miniſtres des Princes qui ſont en guerre a-
vec la France m'ont reconnu en cette qualité a-
près la mort du Roi Auguſte; que j'ai traité
avec eux, & que je n'ai pas remis mon Caractere entre les Mains du Roi mon Maître,
ni eu de nouvelles Lettres de Créance.

III. Mon arrêt ſeroit contraire au Droit des
Gens, qui eſt reſpecté par-tout, & que perſonne ne peut violer, puiſqu'il intereſſe tous les
Souverains, dont non ſeulement les Ambaſſadeurs,
mais tout ce qui leur apartient, eſt regardé comme ſacré.

IV. Je ne ſuis pas ſorti du Miniſtère d'Ambaſſadeur, n'ayant point porté les Armes contre les Troupes de Ruſſie & de ſes Alliez; m'é-
tant borné uniquement à ſuivre les Inſtructions
que j'avois.

V. Il eſt neceſſaire de dire qu'ayant quitté Varſovie, le 22. Septembre, j'ai laiſſé mon Palais avec les Armes du Roi mon Maître ſur la
porte, & tous mes Meubles, & Equipages.
Mr. l'Ambaſſadeur de l'Empereur, le Grand
Ecuyer Comte de Lenwolde & Monſr. le Comte ſon Frere, Miniſtre Plenipotentiaire de Ruſſie, prévoyant ma retraite de Varſovie, priérent Mr. Woodward, Envoyé d'Angleterre &
Monſr. Kinner, Reſident de l'Empereur, de
venir chez moi pour me dire de leur part,
que je ne devois avoir aucune inquietude, ni
pour mes Domeſtiques, ni pour mon Palais,
ni pour mes Meubles & Equipages, que tout
ſeroit gardé ſoigneuſement, non ſeulement par

Tom. I.                    C                    raport

raport à mon Caractère, mais aussi par raport à la façon cordiale avec laquelle nous a-
vions vêcu; ce qu'ils ont fait observer avec u-
ne Politesse au delà de toute expression : Et
quoiqu'il y ait plusieurs mois que je n'en ai
point reçu de nouvelles, je ne doute point que
ces ordres n'ayent toûjours été observez. Mr.
Woodward, Envoyé d'Angleterre, & Mr.
Rumpff, Ministre de Hollande, me dirent que
s'il arrivoit quelque chose pendant mon absence à mon Palais, ou à mes Domestiques,
il s'éleveroient hautement pour soûtenir le Droit
des Gens, & Mr. Kinner, Resident de l'Empereur, ajoûta que mes Domestiques n'avoient
qu'à s'adresser à lui, parceque dans pareille
occasion tous les Ministres doivent se soûtenir
l'un l'autre. Si on a eu de si justes égards
pour mes Domestiques & Equipages, que ne
dois-je point attendre pour ma Personne, quoique Mr. le Marêchal de Munich affecte de
ne me traiter dans ses Lettres que de Marquis de Monti, sans parler de ma qualité d'Ambassadeur ?

## (P. B).

# SECONDE LETTRE.

*Du Marquis de Monti, au Comte de Munich.*

**MONSIEUR.**

JE fuis plus furpris que jamais que Vôtre Excellence n'ait pas répondu à ma Lettre; mais il n'eft point queftion de cela. Meffieurs du Magiftrat m'ont communiqué aujourd'hui à midi l'Article de la Lettre que Vôtre Excellence leur a écrite qui me regarde. Je foutiens, Monfieur, ce que j'ai mandé dans ma premiere Lettre, que je ne fouffrirai pas qu'on brûle contre la Ville une amorce pour moi. Je me fuis fait traduire de l'Allemand en François cet Article: Je ne fai s'il eft bien traduit, mais il dit; *que le Marquis de Monti, ci-devant Ambaffadeur de France, fe trouvant encore en Ville, doit être livré d'ici à demain au foir à l'Armée Ruffienne avec toutes les perfonnes qui font auprès de lui, tous fes Domeftiques & fes Papiers, pour éviter la Difgrace de S. M. l'Imperatrice de toutes les Ruffies; mais en cas que le Magiftrat de Dantzig ne veuille pas confentir à livrer volontairement ledit Marquis de Monti, on l'en fera fortir avec un Détachement de l'Armée Ruffienne.*



Je

Je proteste devant tous les Princes de l'Europe de la violence qu'on fait à mon Caractère: Dans le même tems, pour ne pas affliger d'avantage cette Ville, contre laquelle vous menacez encore de continuer les Hostilitez, de la bombarder & de ne plus écouter aucune Proposition si elle ne me livre pas, je me prépare à partir demain au soir avec tout ce que je pourrai de Domestiques & Equipages. Vôtre Excellence me marquera la Porte par laquelle je dois sortir, & le chemin que je dois prendre, & m'enverra le Passeport. Je lui fais faire seulement reflexion qu'il ne m'est pas possible de faire sortir tout mon Equipage dans le même tems. Si vous voulez, Monsieur, lui accorder un jour ou deux de plus, vous me ferez plaisir: Si non, il en sera ce que vous voudrez. J'ai l'honneur d'être, &c.

MARQUIS DE MONTI.

(P. C.)

# (P. C.)

# COPIE.

*D'une Lettre de Monsieur le Marquis de Monti, à Monsieur la Motte de Peirouse.*

De Dantzig, le 10. de Juin, 1734. à 5. heures du soir.

J'AI reçû Monsieur, à 7. heures du matin, la Lettre que vous m'avez fait l'honneur de m'écrire hier au soir, & j'ai appris ce matin que les Ennemis avoient barré la Riviere, si bien que le projet de venir sur des Bordingues n'est plus praticable, par conséquent nous ne pouvons plus envoyer nos Prames, jusqu'à ce qu'on ait trouvé le moyen de rompre ces barrieres, ce qui ne sera pas aisé. J'avois approuvé très-fort le projet de laisser six cens hommes dans le Fahr-Wasser, & de ne venir qu'avec mille hommes dans la Ville, mais à présent il faut changer d'avis, & se tourner d'une autre façon. Il nous est venu la Galiote de Suéde, que je crois à l'épreuve du Canon, & si elle n'y est point, on pourra l'y mettre, aussi bien que la Prame que vous avez à la Munde. On peut l'accommoder avec bien du bois, & la garnir de Matelats, pour



parer

parer les éclats, du côté où elle fera expo-
fée au Canon. Vous avez de bons Canoniers de Marine, & par la Depêche que le
Roi a faite le 10. d'Avril, il me donne la
faculté d'en tirer des Vaiffeaux, fi j'en ai
befoin. Si vous avez du terrain pour placer
du Canon de la Munde, & faire quelque ba-
terie contre la Sommer-Schantz, ou contre
les batteries des Ennemis qui pourroient
vous flanquer, il faut s'en fervir, & le Commandant ne peut pas le refufer, ayant ordre
du Magiftrat de fe conduire felon vos avis,
& ceux de Monfieur de *Stackelberg*. Il eft
très néceffaire de faire toutes les difpofitions
pour attaquer cette Redoute. Je fais qu'on
ne peut pas l'emporter d'un coup de main,
pour ne pas y perdre d'honnêtes gens; mais
je crois que par le moïen que je viens de
dire, & par les bons Canoniers qui font ve-
nus de Suede & ceux que nous avons de
France, prenant bien garde qu'il n'y ait de
la jaloufie parmi eux, on pourra la rafer,
& dans le même tems amaffer beaucoup de
Batteaux, & monter à l'affaut, à la faveur
de nôtre Canon. Les Ennemis ne peuvent
pas y faire des Fougaffes, ce terrain étant
trop marécageux. Vous favez mieux que perfonne, Monfieur, comment il faut s'y prendre pour ces fortes d'expeditions. Si vous
êtes flanqués par des batteries des Ennemis,
du côté du Bois, vous pouvez faire des é-
paulemens. Les Ennemis ont une communication avec la Redoute du Bois, & avec la
Winter-Schantz. Mais fi on rafe la Som-
mer-

mer-Schantz, & qu'on y prenne poste, les Ennemis ne peuvent ainsi y venir que par des defilés, & pour lors on fait avancer la Galiote & la Prame, jusqu'à la Redoute, & on canone la Winter-Schantz, ce que nous faisons aussi de nôtre côté, & si le terrain le permet, on iroit par la tranchée. Outre les Prames de la Ville, dont vous en connoissez une, j'en fais faire ici une autre, qui sera finie dans peu de jours, à l'epreuve du canon, où il y aura une piece de 20. Livres de balle, placée comme un canon de coursier, pour battre les Batteries qui sont sur la Riviere, que les Ennemis ont faites, deux pieces de canon, de 20. Livres chacune, de chaque côté. Nous prétendons avec cela, & les deux Prames, raser aussi la Winter - Schantz. Cela nous donneroit beaucoup de facilité à attaquer la Winter-Schantz; après que vous auriez pris la Sommer-Schantz. Si on pouvoit obtenir ces Redoutes, tout seroit sauvé, & vous rendriez un grand service au Roi, que je saurai faire valoir. Vous avez, Monsieur, des Ingenieurs avec vous, & des Canoniers: Vous manque-t-il un Officier d'Artillerie ? Mr. du *Barail* vous le donnera. Vous manque-t-il des Fascines? Vous avez des Canots, pour en envoyer faire faire sur les côtes, & sur celles du Roi de Prusse en Pomeranie. On ne peut pas vous l'empêcher, sur tout en païant. Quelques Milliers de fascines sont bien tôt faits, avant que les plaintes soient portées. Ce Prince a donné le passage à

C 4

l'Arl'Artillerie qui nous bat, ainſi il ne peut pas ſe plaindre de nous, & nous avons lieu de nous plaindre de lui. Je ne ſai pas ſi les Bordingues nous peuvent être utiles dans cette Expedition, mais peut-être peuvent elles nous ſervir à les garnir d'Infanterie, qui faſſe feu ſur les Rettanchemens à la faveur du Canon, en attendant que les Soldats, qui ſont ſur des chaloupes, montent à l'aſſaut. Je ne vois pas, Mr., que vous aiez rien à craindre du bord de la Viſtule du côté d'Oliva, parce qu'on m'a aſſuré que le terrain eſt marécageux, & que les Saxons ne peuvent y établir de batteries, pour nous y incommoder dans le tems que vous attaquerez la Sommer-Schantz. On dit ici que les Ennemis ſe ſont couverts dans cette Redoute contre les Bombes, mais cependant on pourroit y en jetter, & des pierres, ſi vous en étiez à portée. Je ne crois pas les Ennemis aſſez entreprenants, pour tacher de prendre poſte dans le Fahr-Waſſer, pendant que vous attaqueriez la Sommer-Schantz. Cependant il faudroit toûjours y laiſſer trois cens hommes; ſelon pourtant ce que vous jugerez à propos, étant ſur les lieux, & ſi on emportoit cette Redoute, & celle de la Winter-Schantz, on pourroit pour lors laiſſer ſix cens hommes dans le Fahr-Waſſer, & entrer dans la Ville avec les autres Troupes, ce qui conſoleroit ici tout le Monde, parceque vous pouvez compter que les Ennemis ſont foibles; qu'ils n'ont pas, Ruſſes ou Saxons, plus de 15 mille hom-

mes;

mes ; qu'il y a parmi eux beaucoup de ma-
ladies , & je crois de la division dans les senti-
mens ; qu'ils n'ont pas ce qu'il faut pour continuer un Siége : Si nous étions en état d'a-
gir de nôtre côté , que nous leur ferions hon-
teusement lever le Siége ; sur-tout aïant trois
ou quatre Bataillons de plus , par l'étendüe
immense de païs qu'ils sont obligez de garder. Enfin, Monsieur , il faut s'y prendre de
façon à attaquer la Sommer-Schantz. Faites vos dispositions ; je crois l'affaire difficile, mais non pas impossible. Vous avez un
grand feu de Canon pour vous, & je crois
aussi qu'aiant bien retranché vôtre Camp ,
il faut, s'il est possible, commencer un peu
la petite guerre, & tâcher d'attaquer quelques postes qui sont à portée de vous. Vous
me mandez, Monsieur, que vous avez pris
les avis des Officiers sur le passage que je
proposois par la Riviere. A présent je vous
prie, Monsieur, qu'on execute le projet d'attaquer la Sommer-Schantz ; il est très-im-
portant d'observer le secret jusqu'à ce qu'on
en vienne à l'éxecution. Car j'ai ouï dire
à un Général de grande reputation , que tout
Général qui demande un Conseil de guerre
est perdu, parce que les avis sont differens ;
chacun opinant selon son goût & sa pas-
sion ; & il faut dire aux Chefs, que la Resolution est prise, & qu'il ne s'agit plus que
des moyens de réussir.

On peut aprocher la Galiote & la Prame,
à ce qu'on m'assûre, presque à portée de
pistolet de la Sommer-Schantz, & il faut s'y

C 5

pren-

prendre la nuit, pour y jetter les Ancres
bien fûrement. Vous avez un Capitaine Danois, dont j'ai déja parlé, qui peut être très
utile. Je compte donc, Monfieur, que vous
avez neuf Canons qui battent cette Redoute,
& neuf autres qui battent la Plaine de l'autre
côté ; c'eft à dire 7. de la Galiote, & 2. de
la Prame. Les Batteaux ne doivent pas vous
manquer, & on pourroit prendre des Canots
des Vaiffeaux, & de nos Matelots pour ra-
mer. On pourroit encore donner une feinte
aux ennemis, en leur faifant croire, qu'on
ne bat cette Redoute que pour paffer, &
tâcher de rompre les Barrieres ; parce que
s'ils s'aperçoivent qu'on veut donner l'affaut
à la Redoute, ils feront marcher toutes leurs
Troupes du Bois pour la foutenir ; mais il eft
vrai auffi que nos Troupes étant entrées, elles trouvorent le parapet du côté de la Cam-
pagne, qui empêche les ennemis d'y entrer.
Cependant il faut avoir des travailleurs prèts
pour s'y fortifier. Cette Ville a été touchée
de la prife de la Sommer-Schantz. Elle auroit beaucoup de courage fi on la reprenoit.
Si on ne veut pas aller dans le païs de la
Pruffe, pour faire des Fafcines, & des Gabions, envoïez un bon détachement du côté d'Helle, parce que les Ruffes, qui font
en petit nombre pourroient y envoyer d'autre monde pour empêcher le travail, ils ne
font pas affés forts en Infanterie pour y envoyer un gros corps. Si vous croïez, Monfieur, néceffaire de faire une Batterie pour
battre celle que les Ennémis ont dans le Bois,

il faut des Gabions & des Piquets, & on peut prendre la Terre dans le Fahr-Waſſer, où on dit qn'il y a un endroit de Terre ferme auprès de la Munde. La Galiote, & la Pra-me & les Troupes n'ont à craindre que la Batterie des Ennemis dans le Bois, aïant dans la Sommer-Schantz très peu de Canons, qui ſeroient bientôt demontez, ſur-tout ſi on peut jetter quelques Bombes. C'eſt pourquoi il faut tacher d'impoſer ſilence à la Batterie du bois. Voila tout ce que je puis ſuggerer de mon côté à vôtre experience & prudence.

Sa Majeſté Polonoiſe a été très-touché de vos ſentimens, & de ceux des Officiers, & me charge de vous en remercier, & ſouhaite vous le dire lui-même. J'ai l'honneur d'être très parfaitement &c.

LE MARQUIS DE MONTI.

**P. S.**

Je vous prie, Monſieur de communiquer cette lettre à Monſieur de *Stackelberg*. On aſſûre que la barricade des Ennemis n'eſt pas bien forte. Cependant elle l'eſt aſſés pour empecher le paſſage de nos Troupes. En prenant le parti d'attaquer la Sommer-Schantz, il faudra auſſi tâcher de ſe garantir du feu du Canon de la Winter-Schantz, & on pourroit monter à l'aſſaut la nuit. Si nous parvenons à la prendre, il faudra enſuite tâcher, de les chaſſer de l'autre côté du Canal, &

roin-

rompre le Pont, ce qui couperoit entierement la Winter-Schantz, qui feroit obligée
de fe rendre. Je vous prefente, Mr. toutes mes idées, & vous pourrez les digerer.
Il faut toûjours bien faire accommoder le
Camp du Fahr-Waffer & bien garder l'Ouvrage qui eft vis à vis de la Munde, qui s'a-
pelle Wefter-Schantz. Les Ennemis y ti-
reront des Grenades, quand vos Soldats iront
à l'affaut; c'eft pourquoi il faudra avoir des
Soldats dans des Bordingues qui faffent feu
fur eux. On dit qu'ils ont quelques Batteaux
à la Sommer-Schantz ; ce n'eft que pour
communiquer de l'autre côté de la Riviere,
& ils ne font pas affés grands pour nous embaraffer. Vous devez avoir reçû, par la Bar-
que tous les Remedes qu'on a demandé. Je
fuis parfaitement &c.

MARQUIS DE MONTI.

(P. D.)

# (P. D.)

# COPIE.

*De la Reponse à la Lettre ci-dessus.*
Au Fort de la Munde, le 11. Juin. 1734.

J'Ai reçû la Lettre, dont Vôtre Excellence m'a honoré hier, qui m'a été remise ce matin à 10. heures, & à laquelle n'ayant pas assez de tems pour repondre à tous les articles qu'elle contient, je me contente de dire simplement mon sentiment à Vôtre Excellence, qui est conforme à celui de Monsieur *Stackelberg*. Nous pensons tous deux, qu'il seroit plus avantageux d'attendre l'arrivée de Monsieur *Du Gué-Trouin*, qui ne peut pas être loin, pour la reussite de l'attaque proposée à Sommer-Schantz, puisque par ses lumieres, & les secours qu'il tireroit de ses Vaisseaux, il pourroit rendre la chose plus possible qu'elle ne l'est à present; Si cependant Mr. de *Stackelberg* croit pouvoir faire raser la Sommer-Schanz avec la Galiote Suédoise, & s'en emparer, je lui fournirai les 100. ou 200. hommes pour y prendre poste, lorsqu'il le demandera, en faisant accommoder des Bateaux par le Capitaine Danois. Voila mon sentiment, quelque difficulté que je trouve à l'execution, a-
vcc

vec le peu de monde que nous avons ; je
je crains bien de voir perir inutilement un
fecours qui pourroit être plus utile au Roi,
fi l'on pouvoit attendre qu'il fut renforcé.
Nous ne favons point precifement, où eft
Monfieur du *Barail*, depuis près de huit jours
qu'il eft parti pour aller fe tenir à la hauteur
de Righoft, par où Monfieur *Du Gué* doit
venir ; nous croïons qu'il eft allé au devant
de lui vers Bornholm, ou peut-être plus loin,
pour revenir enfemble en force, ainfi qu'il
nous l'a fait entendre. Nous avons reçû les
Remedes, dont nous fommes très obligés à
Vôtre Excellence. Il eft mort trois Officiers
bleffez, & environs 15 Soldats. Nous a-
vons nombre d'Officiers qui tombent malades, & des Soldats pareillement. Nous n'a-
vons communiqué à perfonne la Lettre de
Vôtre Excellence. Nous avons l'honneur d'ê-
tre &c.

LA MOTTE DE PEIROUSE.

(P. E.)

# (P. E.)

# COPIE.

*D'une Lettre de Monsieur le Marquis de Monti, à Monsieur la Motte de Peirouse.*

**A Dantzig le 15. Juin. 1734.**

J'Ai reçû, Monsieur, hier au matin à 7. heures, la Lettre que vous m'avez fait l'honneur de m'écrire, & je ne doute pas que vous ne preniez toutes les précautions pour vous soutenir dans le Fahr-Wasser. Mais sur-tout prenez place dans la Munde, & dans le Fort vis-à-vis, parce qu'il faut absolument en être le Maitre, pour vous bien defendre, en cas que l'on vous attaque. Cela étoit toûjours nécessaire, mais particulierement à présent, par raport à la Flotte Russe, & quand on est maître d'une place (où vous trouverez au moins de la farine, si non des autres vivres) on vend cher sa vie, s'il le faut. Ce qu'il y a de très-facheux, c'est que cette Flotte a debarqué quantité de Bombes, qui affligent cette Ville, & qui causent de très grands dommages. J'ai l'honneur d'être &c.

MARQUIS DE MONTI.

(P. F.)

# (P. F.)

# COPIE.

*De la Reponſe à la Lettre ci devant.*

A la Munde, le 15. Juin. 1734.

J'Ai reçû la Lettre que Vôtre Excellence m'a fait l'honneur de m'écrire hier, par laquelle Elle me mande de mettre un gros Corps de Troupes dans la Munde, & dans le Fort vis-à-vis, & de ne laiſſer qu'un gros Détachement pour garder le Fahr-Waſ-ſer. Mais la manœuvre des Ennemis, qui paroît tendre à s'emparer de ce poſte, eſt cauſe que pour le conſerver, j'y ay laiſſé le Camp, en faiſant venir ici un Piquet de 100 hommes. & un de 50 dans le Fort vis-à-vis. Vôtre Excellence a pû voir que les Vaiſſeaux Ruſſes ont tiré vivement hier tout le jour ſur nôtre Camp, que les Boulets ont labouré de tous côtés, & qu'ils ont tiré plus de 200 Bombes, tant ſur nôtre Camp qu'à la Munde, ce qui nous a tué nombre de Soldats. Cela continuë aujourd'huy; la nour-riture eſt reduite au Pain de ſeigle ſeul, & à la Biere. On a entaſſé les bleſſés, les uns ſur les autres, dans un ſouterrain du Fort, où l'infeÉtion ſe mettra bientôt, ayant été obligés de quitter une Maiſon, où on les a-

voit

voit d'abord placés ; près nôtre Camp, proche la riviere, les boulets & les bombes y pleuvant de tous côtés. L'Eau de vie est à sa fin; il n'y a plus de Linge, & ils sont désesperés de se voir ainsi denués de tout secours. En verité, Monseigneur, leur état fait horreur, & compassion, & ne peut se comprendre. Ces troupes ne sont-elles pas dignes de pitié; à 500. lieuës de leur patrie; au Pain sec de seigle; couchées depuis un mois sur la terre; aujourd'hui ne dormant plus, par les allertes & gardes continuelles; à la veille d'être emportées à chaque moment par le Canon, ou par les Bombes : Tout cela les désespere, & elles disent qu'on ne les a envoyées de si loin que pour les faire perir, sans être d'aucune utilité au Roi, & à Dantzig. Voila l'état au vrai où nous sommes, dont Monsieur de *Stackelberg* peut rendre un véritable témoignage. Vôtre Excellence me dira peut-être, qu'en les retirant dans la Munde, ils seront à couvert. Nullement ; si Elle connoit ce Fort, Elle sait que ce n'est qu'un Colifichet, hors d'état de soûtenir une certaine defense. Le Soldat ne peut y être que dans le Chemin couvert, ou dans la Place de l'interieur du Fort, où le Canon & les Bombes n'y font pas moins de ravages que dans le Camp, & par consequent il n'y aura plus d'abri, ni de repos. Je sai que nous sommes faits pour être exposés aux Coups, que nous ne craignons point Dieu mercy; mais les Troupes ne sont pas aussi faites pour être outrées & sacrifiées inutilement; & je crois qu'il est de mon devoir, le Roi me les ayant confiées, de vous faire cette représentation, d'autant que depuis 50. ans que je sers, je n'ai jamais vû, ni ouï dire, qu'il y eut d'exemple de nôtre malheureuse situation. Si elle étoit de quelque utilité au Roi de Pologne, je n'aurois garde d'en parler, ni personne de s'en plaindre; mais il est bien cruel de voir perir à chaque instant tant de braves gens sans aucun profit. Je ne crois pas que cela ait jamais été de l'intention de la Cour; car je suis persuadé que si le Roi de Pologne étoit instruit de nôtre état il en seroit sensiblement touché. Pour peu que cela dure encore, Soldats & Officiers tombent malades, & ce secours de France qui diminue chaque jour, sera totalement annulé. Tout ce raisonnement tend, Monseigneur, à faire entendre à Vôtre Excellence, sans m'ériger à vouloir lui donner des conseils, que je crois qu'elle devroit songer à faire, plûtôt que plus tard, une négociation qui puisse tirer sa Majesté Polonoise, & Vôtre Excellence de Dantzig, & sauver le reste de nos trois malheureux Bataillons. Elle attend peut-être l'arrivée de Monsieur *du Gué-Trouin*, pour changer la face des affaires; mais quand viendra-t-il? Peut-on esperer qu'il amene assés de Troupes pour faire lever le siége à l'Ennemi? S'il vient sans ce nombre de Troupes, quoiqu'il batte la Flotte Russe, il ne delivrera pas pour cela Dantzig, puisque l'Ennemi a reçû des munitions de guerre en quantité;

tité; mais la crainte que l'Ennemi peut avoir de la venuë de Monfieur *Du Gué*, peut nous faire avoir une Capitulation pour Dantzig plus avantageufe, que s'il arrive fans Troupes. Car Vôtre Excellence peut compter que fi les Ennemis attaquent vivement le Fahr-Waffer & la Munde, ils ne peuvent pas être d'une grande défenfe. Je crois devoir parler ainfi naturellement à Vôtre Excellence, afin qu'Elle fache à quoi s'en tenir, & de fe déterminer à prendre un parti convenable au Roi de Pologne & à Dantzig, en s'accommodant par une négociation, puifque l'efperance de Troupes, en fuffifante quantité, eft évanouie, fans quoi il eft indubitable que nous peririons tous ici, & ne fauverions pas pour cela Dantzig. Monfieur de *Stackelberg* penfe fur cela comme moi, & eft de mon fentiment. C'eft à préfent à Vôtre Excellence de faire fur cela fes reflexions, & d'agir comme Elle jugera à propos & de mon côté je n'aurai pas à me reprocher, de ne lui avoir point fait les remontrances, qu'il étoit de mon devoir de lui faire &c.

J'ai l'honneur d'être &c.

LA MOTTE DE PEIROUSE. &c.

# (P. G.)

# COPIE

*De la Réponse de Monsieur le Marquis de Monti, à celle de Monsieur la Motte; en datte du 16. Juin.*

**A Dantzig le 18. Juin. 1734.**

C'Est, Monsieur, avec douleur que je vois la Lettre que vous m'avez fait l'honneur de m'écrire le 16. Voïant la relation de vôtre situation, je tâche de vous envoyer des vivres par les deux Holtzschuts, & je souhaite qu'ils puissent en rompre la barriere; nous avons entendu la nuit passée tirer de vôtre côté beaucoup de Canon & de Mousqueterie. Vous jugez bien que je suis dans une grande inquietude de voir perir les troupes du Roi. Je ne veux pas, Monsieur, vous rapeller la fatale demarche que vous avez fait de vous en aller la premiere fois; vous & les Troupes ne seriez pas dans cet état, parceque nous vous aurions fait entrer, non par le Nærung, mais du côté d'Oliva, vis-à-vis de Herren-Schantz, & nous faisions les dispositions pour cela. Je vous avois mandé dans ce tems-là, de ne vous pas

pres.

preſſer d'entrer, parceque les Saxons, ni le Renfort des Ruſſes n'étoit pas arrivé, & que vous m'aviez mandé, que vous étiez ſuivi d'autres Troupes, ce qui ſignifie plus d'un Bataillon. Mais ce qui eſt fait, eſt fait, & on ne peut plus le reparer. L'intention du Roi, qui vous a confié les Troupes, n'eſt pas certainement de les ſacrifier, mais auſſi il ne les a envoyées que pour ſecourir le Roi de Pologne, & la Ville de Dantzig. Ni l'un ni l'autre ne demandent pas l'impoſſible, mais cependant il faut faire tout ce qu'on peut pour ſe tirer de la malheureuſe ſituation, puiſque la Flotte Ruſſe vous eſt tombée ſur les bras dans un tems où nous avions lieu d'eſperer la nôtre. Vôtre Camp ſera labouré par le Canon des Saxons & des Galiotes à Bombes. Les Officiers François qui ſont ici m'aſſûrent qu'il y a des ſouterrains dans la Munde pour plus de mille hommes. Je ne ſai ſi les Ennemis ſont en état d'ouvrir la tranchée devant cette place; j'avouë qu'elle eſt petite, mais cependant il y a un chemin couvert qu'on diſpute, & on fait des ſorties. Je ſuis bien perſuadé que vous n'avez pas négligé de faire des épaulemens dans le Camp pour vous couvrir. Nous tâchons donc de vous faire paſſer les Holtzſchuts, & ſi vous pouvez, ne perdez pas de tems, la Galliote à la tête, pour battre la Sommer-Schantz, montant ſur des Bordingues avec mille hommes & laiſſant le reſte à la Munde. Il faut le faire, parceque cela ſera d'une grande utilité, &

D 3

vous

vous trouverez ici de quoi subsister. Mais si la chaine est rompuë, par le choc des Holtzschuts, il ne faut pas donner le tems de la reparer, & partir sur le champ. Je comprens bien, Monsieur, que vous ne pourrez pas avoir assés de monde, pour garder dans le même tems le Fahr-Wasser. En ce cas là, il faut se borner à la Munde & au Fort vis-à-vis, & si le secours de Suéde vient, il trouvera bien moyen de se faire jour, débarquant là où ailleurs, parcequ'il viendra aparemment avec une force superieure sur mer, pour faire retirer les Russes. Nous sçaurons dans peu ce que nous devons esperer, car il faut voir ce que la Cour aura déterminé de faire, après avoir reçû la nouvelle de vôtre départ, de vôtre retour, de l'attaque des retranchemens & de la conclusion des Etats de Suede. Je vous plains Monsieur, mais comptez que nous sommes fort à plaindre aussi. Les Holtzschutz placeront une corde sur laquelle il faut remonter, en cas qu'il n'y ait point de vent, mettant sur des Bordingues & les Holtzschuts les Tentes, les Canoniers, & les Matelats, pour empêcher les éclats du Canon. Vous me marquez vôtre sentiment, qui est celui d'entrer en négociation pour le Roi, la Ville & nos Troupes. Croyez-vous que cela soit bien facile? Les Négociations durent long-tems, & ne sont pas praticables: Car tout bon François devroit frémir aux propositions des Ennemis. Nos Fortifications sont dans leur entier.

entier. Il eſt vrai que les Ennemis ont reçû beaucoup de Bombes : Mais on les ſoutiendra. Il faut auſſi de vôtre côté ſoutenir les malheurs, & vous aider. J'ai l'honneur d'être &c.

### MARQUIS DE MONTI.

P. S.

Les vents & d'autres reflexions ne le permettant pas, nous tarderons de quelques jours à envoyer les Holtzſchutz avec des vivres. Tachez, Monſieur, de gagner du tems, parceque dans peu de jours nous ſerons plus en état de vous ſecourir, & de vous ſecourir avec plus de ſuccés. La Flotte Ruſſe étant un peu retirée, ne doit plus vous incommoder par le Canon, ni par le bombardement, & pour vous garantir plus de l'un & de l'autre, ne pourriez-vous pas, Monſieur, vous borner à avoir une Redoute à la pointe du Fahr-Waſſer du côté d'Oliva, & l'autre à l'autre pointe, près de la Munde & les garnir de Canons, & abandonnant le poſte entre'deux, vous retrancher depuis la Weſter-Schantz juſqu'au Canal, dans lequel vous mettriez la Prame de la Ville, & la Galliote, pour incommoder les Saxons, s'ils vouloient vous attaquer ? Je vous envoie Monſieur, un brouillon du plan qu'un Officier, qui connoit le pays, m'a fait. De cette façon, vos Soldats ſeroient plus en repos, & pourroient

roient dormir, & vous pourriez en mettre davantage dans la Munde, & dans la Wester-Schantz.

### MARQUIS DE MONTI.

*Collationné conforme à l'original, qui est resté entre nos mains.*

### LA MOTTE DE PEIROUSE.

# PIÈCES CITÉES

*Dans les Ecrits ci-devant ; au sujet de la detention des trois Bataillons François.*

## (P. H.)

# MEMOIRE,

*Envoyé par la Cour de Petersbourg, à celle de France.*

LES *Troupes Françoises envoyées par la France au secours de la Ville de Dantzig ayant* été reduites par les Armes de sa Majesté Imperiale de toutes les Russies à la necessité de se rendre par accord, en vertu duquel elles seroient transportées dans un des Ports de la Mer Baltique, où elles pourroient être aisément embarquées sur des Vaisseaux François, ou sur des Vaisseaux Marchands ; Sa Majesté déclare que son intention n'a pas été & n'est pas encore d'enfreindre en aucune maniére la Capitulation accordée aux susdites Troupes ; mais l'Escadre Françoi-



se

se envoyée dans la Baltique ayant cependant,

I. Sans qu'il y ait eu aucune Déclaration
de Guerre entre la Russie & la France, attaqué & pris en pleine Mer un *Pacquet Boot*,
& deux Galliotes, & en dernier lieu une
Fregatte Russienne, fait Prisonnier & em-
mené avec soi tout l'Equipage desdits Vaisseaux, pris & saisi tous les Effets & Mar-
chandises qui s'y trouvoient & envoyé la
Fregatte même en France ;

II. Quoique cette Fregatte & les Vaisseaux susmentionnez n'eussent commis de
leur part aucunes Hostilitez contre les Vaisseaux François, la Fregatte n'ayant eu aucun ordre d'en commettre, & les autres
Vaisseaux n'étant point du tout armez, mais
servant uniquement à entretenir la Corres-
pondence entre Cronstadt & Lubeck, & à
transporter les Passagers & leurs Effets d'un
endroit à l'autre, comme cela se pratique depuis plusieurs années :

III. *Lesquelles Hostilitez commises de la
part de la France*, ont d'autant plus lieu de
surprendre que de la part de la Russie on
n'en a commis aucune envers la France,
mais bien au contraire, *le Commerce des Marchands & sujets François ayant eu son libre
cours, sans aucun empêchement, ou interruption, jusqu'à ce jour dans tous les Ports de la
Russie.*

IV. De telles Demarches & Procedez de
la part de la France envers la Russie, étant
tout à fait contraires, *au Droit des Gens*, *&*

*aux*

*aux Coutumes reçûës & ufitées entre toutes les Nations, même les moins civilifées, qui ne commettent point d'Actes d'Hoftilitez fans avoir préalablement declaré la Guerre.*

C'eft pour ces raifons que S. M. Imp. fe trouve en droit & même en devoir de retenir les Troupes Françoifes fufmentionnées, par Droit de Reprefailles, jufqu'à ce que la Fregatte, nommée *Mittau,* foit reftituée avec tout fon Equipage, c'eft-à-dire, le Capitaine, les Lieutenants & autres hauts & bas Officiers, Soldats, Matelots & autres du premier jufqu'au dernier, fans en exclure qui que ce foit; & fous quelque pretexte que ce puiffe être, avec tout le Canon, Munitions, & tous les Effets; en un mot dans le même état où elle fe trouvoit, lorfqu'elle fut prife par les Vaiffeaux François; de même que tout l'Equipage & monde, avec tous les Effets pris & enlevez des autres trois Vaiffeaux fufmentionnez, & que tout ceci, fans aucune Exception, ou Detention ait été renvoyé, réellement reftitué & delivré dans un des Ports de la Ruffie.

Et quoique Sa Maj. Imp. fe trouve obligée par les raifons fufdites de retenir ces Troupes Françoifes, jufqu'à ce que l'on ait entiérement fatisfait de la part de la France à ces juftes Pretenfions, S. M. Imp. declare toutes fois, qu'en attendant elles feront traitées d'une maniére convenable à la condition d'un chacun; & qu'on aura tout le foin néceffaire pour leur entretien & fubfiftance, felon qu'on en conviendra plus parti-

ti-

ticuliérement avec l'Officier qui les com-
mande, auquel S. M. Imp. accorde auffi
la permiffion d'envoïer quelqu'un des fiens,
muni de bons Paffeports en France, y porter cette Declaration, pour effectuer d'autant
plûtôt une prompte Refolution & la Satis-
faction demandée ci-deffus. Et afin que les
Troupes Françoifes puiffent être inceffam-
ment renvoyées en France & que de la part
de la Ruffie, dans ce cas là, cette Reftitu-
tion fe puiffe faire fans delai, on laiffera ces
Troupes dans un lieu voifin de la Mer Baltique, dont elles peuvent auffi-tôt être embarquées pour s'en retourner en France, à
quoi on aportera toutes fortes de facilitez,
& on donnera toute l'affiftance néceffaire.
Fait à St. Petersbourg, ce 5 Juillet 1734.
*St. veteris*, &c.

# (P. I.)

*EXTRAIT des Rapports des Officiers Ruffiens qui ont été pris par l'Efca-dre Françoife; de quelle maniére ils ont été traitez par les François, pendant leur prife & durant tout le fe-jour qu'ils ont fait auprès d'eux.*

### Traduit du Ruffien.

LE Capitaine de Fremery & autres Of-ficiers, qui on été pris fur la Fregatte nommée *Mittau*, raportent qu'après la prife de ladite Fregatte, on leur a ôté toutes les Lettres, Bagages & tout ce qu'ils avoient, ne leur laiffant que les Habits fur le Corps: Mais quant aux Bas Officiers, Soldats & Matelots, on leur a tout ôté; même les Habits & la Chauffure; après quoi on les a diftribués fur les Vaiffeaux François, où on leur a pris, par ordre des Officiers François, tout leur argent, jufqu'au dernier fol: Et à leur depart, non feulement on ne leur a pas rendu la moindre chofe de tout ce qui leur avoit été pris; mais au contraire, on a depoüillé quelques-uns de tout leur habille-ment.

*Le Capitaine Martin Janfon Hovi* dit, que
lorf-

lorſqu'il fut pris avec la Galiotte *Lootzman*, on le mit ſur le Vaiſſeau du Commandeur, après l'avoir auſſi depoüillé de toutes ſes Lettres & Bagages. Son Equipage fut partagé ſur d'autres Vaiſſeaux, après avoir été depoüillé de tous les Habits juſqu'à la Chemiſe; & pendant ſon ſejour ſur leſdits Vaiſſeaux, on donnoit ſi peu de biſcuit à ſon Equipage, qu'il fut obligé d'en demander par charité.

*Le Lieutenant Woin Korſakow* raporte, qu'après la priſe de la Galiotte *Keſmeker*, on le mit auſſi ſur le Vaiſſeau du Commandeur, où il a ſouffert beaucoup d'outrages & injures, ayant même été menacé d'être pendu, pour avoir été en habit de Matelot: Mais qu'enſuite il fut entretenu à la Table des Officiers. Ses ſubalternes; ſavoir, le ſous Lieutenant & les Bas Officiers, auſſi bien que le reſte de l'Equipage furent partagés ſur d'autres Vaiſſeaux, où on les deshabilla & les pilla juſqu'à la chemiſe, ne leur laiſſant que très-peu de choſe pour couvrir leur Nudité, & furent toujours gardés dans le fonds de Calle, n'ayant les ſix premiers jours à manger que du Biſcuit & de l'Eau. Mais du depuis, on leur fournit la moitié des Portions qu'on donne ordinairement aux Matelots François.

*Le Lieutenant Jwan Spiridow* dit que lorſqu'il fut pris avec la Galiotte *Hochland*, il fut mis avec ſes Subalternes & ſon Equipage, ge, sur le Vaisseau François nommé *l'As-trée*, & en même tems on leur prit tout ce qu'ils avoient, à la reserve de leurs habits : Ils furent obligés de passer deux nuits dans le fonds du Vaisseau sur des Cables ; après quoi on les plaça sur des Tonneaux de pro-vision, près de la Chambre des Canoniers. Le Lieutenant fut entretenu à la Table des Officiers François, mais on ne donna aux Gens de son Équipage que le Biscuit qui a-voit été pris sur leur Galiotte, & du reste de leurs provisions la moitié de la portion qu'on donne aux Matelots Russes, excepté l'Eau de Vie qu'on ne leur donna point du tout.

# (P. K.)

# EXTRAIT.

*D'une Relation envoïée en France, tou-chant l'attaque du Retranchement Rus-sien.*

Voila, Monseigneur, un abregé de l'ex-trémité, où se sont trouvés ces trois Bataillons. On ne peut s'empêcher de ren-dre justice aux Officiers qui les composent ; non seulement par le nombre qu'il y en a de tuez & blessez ; mais encore en avoüant

qu'ils

qu'ils ont marqué avec valeur, à l'attaque
defdits Retranchemens, l'ardeur qui les ani-
moit à remplir leurs devoirs : & *l'envie d'executer les ordres de Mr. de Monti, de la part
de S. M. Polonoife* ; fur lefquels on ne peut
fe taire ; puifque jamais Militaire n'a vû
d'exemple de ce qui a été ordonné à l'occafion de cette attaque & ; de la conduite qu'il
a falu tenir, contre toutes les Regles de la
Guerre............ Mais la neceffité d'obeïr
à Mr. de Monti, preffez d'ailleurs par Mr.
de Plelo, l'envie des Troupes à marquer
leur zèle l'a emporté fur toute autre confideration, & malheureufement lui & nous
avons été trompez dans ce Projet......

REPON-

# REPONSE.

*A une Lettre Latine, où l'on examinoit si Monsieur le Comte de Munich, Général-Feld-Maréchal de l'Imperatrice de Russie, a pû sans violer le Droit des Gens, faire arrêter Monsieur le Marquis de Monti. (*).*

MONSIEUR.

VOus perdez en verité vôtre Latin & une foule de savantes Citations, étrangéres à la question, en voulant établir la Justice de la Détention de Mr. le Marquis de Monti Ambassadeur de France en Pologne. Il suffit de ne point s'obstiner contre le sens commun, *pour se persuader pleinement.*

I. *Que son Caractère d'Ambassadeur du Roi de France, n'a point cessé depuis quelque tems.*

II. *Qu'il n'a jamais passé les bornes de sa Commission.*

III. *Que ce Caractére lui doit être utile auprès de la Czarine.* Ce qui est précisement le contraire des trois Principes sur lesquels vous fondez vôtre opinion.

Per-

(*) *C'est la Deduction, ci-dessus, p. 7. & suiv., qui a été produite par la Cour de Russie en Latin.*

Perſonne ne niera, *qu'un Miniſtre Public ne peut jouir de ſes Droits & Privileges ſans ſe faire connoître pour tel par le Prince où l'E-tat auprès duquel il doit exercer cette fonction;* mais vous êtes le ſeul dans le monde qui doutiez que l'Ambaſſadeur de France ne ſe ſoit point fait connoître en cette qualité, au-prés de la Republique de Pologne, auſſi bien qu'auprès du défunt Roi.

Si vous étes à portée de voir les Actes de la Chancellerie de Pologne, vous y trouve-rèz les Lettres de Créance de cet Ambaſ-ſadeur, adreſſées en bonne forme, tant à la Republique qu'au Roi; & délivrées & re-çûës de la maniére ordinaire de ce Pays-là.

Mais ſans aller chercher les Archives de Pologne, vous ne pouvez douter que l'Am-baſſadeur n'ait legitimé ſa qualité, à moins de vous figurer le Défunt Roi & la Répu-blique aſſez ſimples, pour être entrés en né-gociation avec cet Ambaſſadeur, ſans lui demander ſon Pouvoir.

Dès ſon arrivée, en 1728. à Varſovie, ne s'employa-t il point conjointement avec les autres Miniſtres Etrangers pour obtenir le Rétabliſſement de toutes choſes par raport aux Diffidens, conformément aux Traités d'Oliva? Et en differentes occaſions n'a-t-on point nommé des Députez de la Repu-blique pour entrer en conference avec l'Am-baſſadeur de France, de même qu'avec les autres Miniſtres Etrangers?

La Commiſſion de l'Ambaſſadeur, autant qu'elle regardoit le défunt Roi, *à ceſſé,* il

eſt

Il eft vrai, *dès fa Mort*; mais à l'égard de la Republique, qui ne meurt pas, & qui l'a agréé, conjointement avec le Roi, pour Ambaffadeur, elle ne peut expirer que par fon rapel, ou que la Republique convaincûë qu'il eût agi contr'elle ne l'eût fait arrêter, ou partir de fon autorité, comme Perturbateur du repos Public, conformement au Droit des Gens & de la Nature, en pareilles occafions.

Ni l'un ni l'autre n'étant point arrivé, Monfieur le Marquis de Monti n'a pas feulement continué, après la Vacance du Trône, auprès de la Republique, les Fonctions d'Ambaffadeur, mais il a même été reconnu pour tel par l'Empereur, (*) par la Czarine, (†) par la Cour de Saxe (‡) & par le Parti retiré à Praage (§). Enforte qu'il n'y a que vous & Monfieur le Comte de Munich qui, pour colorer la violation du Droit des Gens, dans la perfonne d'un Miniftre Public, affectiez de foûtenir *qu'il n'a plus,*

(*) *Reponfe de l'Empereur aux motifs &c. p. 14. & 15. Decret des Commiffions Imperiales à la Diette de Ratisbonne. pag. 7. & 8.*

(†) *Expofition des motifs legitimes de la Refolution de la Majefté Imperiale de toutes les Ruffies, de faire entrer en Pologne fes Troupes affemblées fur les frontiéres &c. page 7.*

(‡) *Fauffeté de l'Ecrit repandu dans le Public, fous Titre: Expofé fincére des Elections à la Couronne de Pologne &c. page 10.*

(§) *Relation du Parti retiré à Praage ; alleguée dans la Réponfe de l'Empereur aux motifs &c. page 22. & 25.*

*plus, depuis quelque tems, le Caractére d'Am-baſſadeur du Roi de France.*

Bien loin d'avoir *paſſé les bornes de ſa Com-miſſion* & d'avoir merité de perdre *la liberté & la ſûreté de Miniſtre Etranger*, l'Ambaſ-ſadeur a executé avec tant de ſageſſe & de diligence les ordres de ſa Cour, tendant à éteindre *l'incendie*, à étouffer *l'eſprit de Fac-tion en quelques Particuliers*, & à ſoûtenir *la Liberté & les Loix*, & il s'eſt rendu ſi agréa-ble à la Republique, qu'elle a eu plus de confiance en lui qu'en aucun autre Miniſtre Etranger.

Cela eſt ſi vrai que ce n'eſt qu'au Grand Conſeil entr'elle & cet Ambaſſadeur, que cer-taines Puiſſances attribuent l'Election du Roi, qui ne leur déplaît que parcequ'elles apréhen-dent de ne pouvoir achever ſous ſon Regne, comme elles ont commencé ſous le préce-dent, de fouler la Liberté Polonoiſe & d'y dominer à leur gré.

Mais n'eſt-il pas étonnant de faire un cri-me à l'Ambaſſadeur de France de ſa bonne intelligence avec la Republique & de l'ac-cuſer en même tems d'avoir *machiné contre el-le*, & d'être déchû par-là des Immunités de Miniſtre Etranger?

Pour ſauver une contradiction ſi ſenſible, vous vous efforcez en vain de faire paſſer la République pour une *Faction*, & une Fac-tion pour la *Republique*: n'a-t-elle pas ſon caractère diſtinctif, qui empêche de s'y mé-prendre; le gros de la Nation ayant à ſa Tê-te le Primat & le Sénat, établis par les Con-

ſtitu-

Aitutions du Royaume pour le gouverner dans son Interregne, peut-il être confondu avec une poignée de Rebelles & de Parjures soûlevez par ceux qu'avant l'éclat de leur Revolte, ils avoient eux mêmes déclarés Ennemis de la Patrie?

Le choix à prendre dans de tels Troubles ne sauroit embaraffer un Ministre Etranger tant soit peu éclairé sur l'obligation indispensable d'adhérer constamment à ceux qui representent l'Etat auquel il est envoyé, sans se liguer avec les Séditieux, sous peine de perdre ses Droits & Privileges.

Auffi de tous les Ministres qui étoient en Pologne aucun n'alla joindre le Parti retiré à Praage : Ceux mêmes qui avoient fomenté la division eurent honte de le faire ; ce qui prouve bien clairement qu'ils convenoient tous que le Gouvernement légitime du Royaume, auquel un Ministre Etranger doit toûjours s'unir, étoit à Varsovie ; & que Praage n'étoit qu'une Retraite de factieux.

Au lieu donc de blâmer l'Ambaffadeur de France il faut le loüer *de s'être attaché au parti* que tous les Ministres à Varsovie regardoient comme représentant la véritable Republique, & que l'Empereur, la Czarine, & l'Electeur de Saxe en lui adreffant les leurs, ont reconnu pour telle jusqu'au jour de l'Election : A moins que ces Princes n'ayent le pouvoir d'ôter à la Republique son nom & son éxistence quand il leur plaît, & que les autres Souverains ne soient obligés de souscrire aveuglement à une telle métamor-

E 3

phose

phofe auffi fubite qu'extraordinaire.

En attendant qne vous prouviez ces deux Points, vous me permettrez d'apliquer aux Miniſtres Imperiaux, Ruſſiens & Saxons, tous vos raiſonnemens, fur un Miniſtre qui fort de ſa ſphére & ſe rend chef d'un Parti ſoûlevé contre l'Etat.

Je vais plus loin ; placez à vôtre fantaiſie, j'y conſens pour un moment, la Republique parmi les *Praagiens* ; leur Séparation du reſte de la Nation les diſpenſe-t-elle des égards dûs·à un Miniſtre Etranger, reconnu pour tel pendant leur union? Quand les Membres d'un Etat ſe diviſent, cela oblige-t-il les Puiſſances Etrangeres d'accréditer leurs Miniſtres auprès de chaque Faction? Cela s'eſt·il jamais pratiqué en aucun endroit du Monde? Un Diminutif d'une Republique, pour ainſi dire, eſt-il en droit d'infirmer l'uſage conſtant de toutes les Nations policées? Ou la Czarine ſimplement Alliée, & Puiſſance auxiliaire, peut-elle plus que cette prétenduë Republique, à qui elle prête ſon ſecours? Celle-ci étant obligée de reconnoître quelqu'un pour Ambaſſadeur, *ce Caractère ne lui doit-il pas être utile* auprès de ceux qui agiſſent en ſon nom?

Le procedé contraire de la Cour de Ruſſie eſt d'autant plus inouï, que quand même l'Ambaſſadeur de France auroit paſſé ſa Commiſſion, il n'apartiendroit qu'à la Faction qu'elle qualifie de Republique, ou au Prince qu'elle lui a donné pour Roi, de déclarer l'Ambaſſadeur Criminel & déchu

de

de son Caractére : Cependant les Parties principales prétenduës offensées ne croyent aparemment point l'être, puisque jamais la Faction de Praage, ne s'est plainte de cet Ambassadeur, ni à sa Cour, ni dans aucun de ses Ecrits & que le Duc de Saxe Weissenfels, autorisé à ménager les interêts de l'Electeur de Saxe, dans la Capitulation de Dantzig, n'a point demandé l'Extradition de l'Ambassadeur de la part de son Maître, qui decoré du Titre de Roi de la nouvelle Republique, pouvoit seul l'exiger.

C'est le Comte de Munich, Général des Troupes auxiliaires d'une Puissance Tierce, qui s'est avisé d'en faire la demande, & j'ignore à qui, en cela, il a fait plus d'insulte, ou à l'Ambassadeur, ou au Prince que la Russie dit Roi de Pologne ; parler ou agir pour lui dans son Royaume & en présence de son Ministre, n'est-ce pas s'ériger comme son Souverain, ou son Tuteur ?

C'est sans doute parceque vous sentiez l'irrégularité de cette Démarche, que vous vous bornez à la fin à dire, que *quand même Monsieur le Marquis de Monti auroit le Caractére d'Ambassadeur de France, il ne sauroit lui être utile auprès de l'Imperatrice de Russie.*

Vous prenez bien inutilement la peine d'établir *qu'un Ministre Etranger ne sauroit prétendre aux Prérogatives de son Caractére, si ce n'est à la Cour où il est envoyé, & de laquelle il a été reconnu en cette qualité.* Qui



vous

vous le difpute? Mais Monfieur le Marquis
de Monti eft-il allé en Ruffie prétendre d'y
jouïr des Prérogatives de fon Caractère d'Ambaffadeur de France en Pologne? Il eft vrai
*qu'il fe trouve entre les mains du Général Ruf-
fien*; mais il a été arrêté fur le Territoire
de la Republique, à laquelle il a été envoyé,
de laquelle il a été reconnu, & qui non plus
que le Roi fon Maître, n'ont point fait la
guerre à la Ruffie.

La Pologne envahie par les Troupes Ruffiennes ne cherche uniquement qu'à les re-
pouffer; & fi la France lui a envoyé quelques
Troupes, ou qu'elle en ait fait lever à Dantzig pour aider fon Allié à fe défendre, ce
ne font que des Troupes auxiliaires que les
Souverains, en vertu de leur Alliance, peuvent s'entre-fournir fans entrer en Guerre
directe avec celui contre qui on les em-
ploye.

La Czarine en donnant la premiere des
Troupes auxiliaires à ceux de fon Parti en
Pologne n'a pas crû par-là faire la Guerre à
la France.

Les Rois de Dannemarc & de Pruffe ref-
tent aujourd'huy toûjours Amis de fa Majefté Très-Chretienne, nonobftant les Troupes auxiliaires qu'ils ont envoyez à l'Empereur.

La France n'ayant rien fait de plus en faveur de la Pologne, la Ruffie a d'autant plus
de tort d'avoir arrêté fon Ambaffadeur, que
le Roi fon Maître n'eft point *engagé en guerre avec elle*, & que la Ruffie n'a point déclaré

claré *Ennemie la Republique à laquelle il a été dépêché* & où il a été arrêté.

Bien loin de là, avant & après l'Entrée des Troupes Russiennes en Pologne, la Czarine a déclaré constamment qu'elles ne serviroient que comme des Troupes Amies & Auxiliaires pour s'opoſer, en vertu de je ne ſçai quel Traité de Garantie, à l'Election d'un Prince qu'elle croyoit Ennemi déclaré de la Republique.

Or la République renduë à elle-même, a élû ce Prince prétendu Ennemi pour Maître & Roi, n'étoit-elle pas en droit de caſſer ce qui s'eſt fait par force autre-fois à ſon égard, ou du moins autant que les Ruſſiens de rejetter l'Ordre de Succeſſion que le Czar Pierre premier & la Czarine Catherine leur avoit fait jurer ?

Eſt-ce parceque la Czarine regnante a monté ſur le Trône par ce changement que les Etats de Ruſſie, obligez à ſe conformer aveuglément aux volontez abſoluës de leur Maître, ont plus de pouvoir de rectifier leurs Loix & de diſpoſer de leur Couronne, qu'une Nation qui depuis long-tems eſt en poſſeſſion d'une pleine liberté de ne ſe gouverner que par ſes propres lumiéres ?

Si la Czarine avoit été ſincere dans ſa Déclaration de n'être Ennemie du Roi *Staniſlas* que parceque la Pologne le regardoit comme le ſien, ne devoit-elle pas acquieſcer à la déciſion de cette Republique ; de même qu'un Avocat ne peut continuer à plaider contre une Partie quand ſon Client s'eſt accommodé avec elle ?

E 5

Mais

Mais la Ruſſie ne s'enfermant pas dans les bornes de ſa Déclaration ; & obligeant par-là la France à ſoûtenir l'Ouvrage de la Republique, il n'eſt point étonnant que ſon Ambaſſadeur ſe ſoit apliqué à lui rendre utile, autant qu'il étoit poſſible, l'aſſiſtance de ſon Maître.

C'eſt cette obligation qui a déterminé l'Ambaſſadeur de France *à ſuivre à Dantzig le Roi élû* & les Députes du Sénat qui formoient la véritable Cour de Pologne. L'Envoyé de Suede a fait la même choſe ; & les Suédois ont fait ſûrement plus de mal aux Troupes Ruſſiennes à Dantzig que celles de France. Cependant Monſieur de Munich s'eſt bien donné de garde d'arrêter ce Miniſtre. L'Ambaſſadeur de France a t-il merité d'être moins reſpecté ? Ou me direz-vous *qu'il a lui même formé un Regiment ſous ſon nom, & que les Troupes Françoiſes, qui ont attaqué les Retranchemens des Ruſſiens recevoient de lui leurs ordres ?*

L'un & l'autre eſt abſolument faux ; une impoſſibilité phyſique prouve que l'Ambaſſadeur qui étoit à Dantzig, ne pouvoit pas commander des Troupes poſtées à Weichſelmunde, dont toute communication étoit coupée avec la Ville ; & quant au Regiment, il a été formé en Suede aux Dépens de la France, & envoyé par ſon Ambaſſadeur en cette Cour, à Dantzig. Je ne crois pas non plus qu'on ait donné le nom de *Monti* à ce Regiment ; mais quand cela ſeroit, celui du Marquis de la Chétardie,

Envoyé

Envoyé de France à la Cour de Pruſſe, eſt ſur le Rhin, où ſe trouvent les Troupes Pruſſiennes; s'imagine t-on pour cela qu'il porte les Armes contre Sa Majeſté Pruſſienne?

Il ſe peut que l'Ambaſſadeur *a animé la Ville de Dantzig* à ne point ſe laiſſer opprimer; n'eſt-il pas naturel d'encourager un Etat à qui on eſt obligé de fournir des Troupes auxiliaires? Il y a pourtant une grande difference entre exciter quelqu'un à ſe bien défendre dans ſon Pays, ou à porter le feu de la Guerre dans celui d'un autre; en faiſant l'un, l'Ambaſſadeur a rempli les devoirs d'un Miniſtre zèlé d'un Allié fidéle; & n'ayant jamais conſeillé l'autre aux Polonois, de quoi ſe plaint la Ruſſie? A moins qu'elle ne prétende que ce ne ſoit un Acte d'Hoſtilité contre elle, de déterminer le Sophi de Perſe à faire prendre le Rebelle Couli-Kan, que la Ruſſie protege & met en état de continuer ſa Revolte.

Je ne nie pas non plus que l'Ambaſſadeur de France, *ſelon ſon propre aveu* ( à ce que vous dites ) ait été Plénipotentiaire du Roi *Staniſlas*. Sans ſavoir ſi cet aveu eſt véritable, je le crois volontiers tel, parcequ'il anéantit entiérement vôtre Syſtême; *que c'étoit renverſer la Conſtitution de Pologne, que de travailler à mettre le Roi Staniſlas ſur le Trône.*

La Republique auroit-elle reçû un Miniſtre de la part d'un Prince aſpirant à la Couronne qu'elle eût *regardé comme ſon Ennemi* mi, & exclus par les Loix fondamentales? Non certainement; en reconnoiſſant l'Ambaſſadeur de France pour Plénipotentiaire du Roi *Staniſlas*, c'étoit avoüer publiquement ce Prince Ami de la Republique, & habile à monter ſur le Trône; aveu d'autant plus concluant que ſon Plénipotentiaire a été agréé avant que les Opoſans ſe fuſſent retranchez du Corps de la Nation, & lorſque le Prétexte de la diviſion n'exiſtoit point encore.

Vous ne pouvez pas ſuppoſer non plus que les *Ruſſiens regardoient le Roi Staniſlas comme leur Ennemi perſonnel depuis long-tems*, la Czarine ayant déclaré poſitivement: (*) *Que l'on ne doit pas s'imaginer qu'elle donne l'excluſion à ce Prince par raport à lui perſonnellement*; & quand cela ſeroit, le Caractère de Plénipotentiaire de ce Monarque avoit fini à ſon Election; enſorte que Monſieur le Marquis de Monti n'a pû être arrêté en cette qualité.

Il ne pouvoit pas l'être d'avantage pour n'être point *accrédité auprès d'un Roi, ou d'une Republique* que la Ruſſie veut former à ſa guiſe.

Les Miniſtres d'Angleterre & de Hollande le ſont-ils auprès d'eux? Et néanmoins ils jouïſſent des Priviléges de leurs Caractères. Le Nonce du Pape en fait de même, quoiqu'au nom du St. Siége il ait reconnu le Roi *Staniſlas* pour légitime Roi de Pologne.

* *Expoſition des motifs legitimes de la Reſolution de faire entrer en Pologne les Troupes &c. p. 8.*

gne. Après son Election a-t-on arrêté le Ministre de l'Empereur & de la Czarine, que l'on voyoit visiblement occupez *à mettre en œuvre leurs desseins pernicieux contre Sa Majesté & la Republique, & agir contr'elles en Ennemis déclarez*? Enfin dans toutes les Scissions qu'il y a eu en Pologne, trouve-t-on un seul exemple qu'on ait arrêté un Ministre Etranger pour avoir tenté de faire élever, ou affermir son Candidat sur le Trône? Le Droit des Gens ne doit-il pas être observé également à l'égard de tous les Ministres Etrangers?

Enfin en réünissant tout ce que je viens de dire il s'ensuit.

I. Que l'Ambassadeur de France ayant une fois été reconnu pour tel en Pologne, conserve cette dignité, jusqu'à ce qu'il soit rappellé & renvoyé avec les Lettres de Recréance.

II. Qu'il est impossible de l'accuser d'avoir passé sa Commission, tandis que ni l'un ni l'autre Parti en Pologne ne s'en plaignent point.

III. Que la Russie qui assiste l'un de ces Partis doit, en n'agissant qu'en son nom, respecter un Ministre Public reconnu pour tel, par le Parti qu'elle favorise.

Que le Public décide à présent, Monsieur, qui de vous ou de moi se trompe, ou cherche à en imposer.

A V E R-

# AVERTISSEMENT
## DE
## L'EDITEUR.

LEs trois Lettres qu'on presente aujourd'hui au Public ont été écrites tout recemment par un Homme de Naissance, à deux de ses Amis, sur l'Arrêt & la Détention du Marquis de Monti. Les deux premiers de ces trois Amis, qui ont pris dans leur dispute, l'un la qualité d'un Gentilhomme *Prussien*; l'autre, celle d'un *Courlandois*, & qui s'aiment d'ailleurs tendrement, se trouvoient de sentiment différents, à l'occasion du traitement que les Russiens venoient de faire au Marquis de Monti, après la reddition de Dantzig. Le Gentilhomme Courlandois, homme d'Esprit & de beaucoup de merite, qui soûtenoit que c'étoit violer le Droit de Gens, que de traiter le Marquis en Prisonnier de Guerre, envoya un jour, après cette Dispute, un WIC-
QUE-

QUEFORT à celui qui avoit soûtenu le contraire. Il y avoit marqué un cas, selon lui, paralléle à celui du Marquis de Monti, & l'avoit même accompagné d'un petit Billet, dont voici le contenu :

LE Roi Charles Gustave se trouvoit en Païs Ennemi, au Siége de Copenhague. Les Ambassadeurs de Hollande étoient Ministres d'une Puissance Alliée du Roi de Dannemarck, auquel elle avoit même envoié du secours contre la Suéde. Les Memoires du Chevalier Terlon disent que les Ambassadeurs Hollandois avoient aidé & encouragé les Habitans de Copenhague, à se bien défendre contre Charles Gustave. Malgré tout cela, ce Prince est blâmé par Wicquefort d'avoir seulement menacé ces Ambassadeurs. Il est vrai que le Roi de Dannemarck assiégé, avoit arrêté l'Ambassadeur de Suéde; mais il en est blâmé aussi.

Le Gentilhomme Prussien aiant lû ce Billet, en prit occasion d'écrire à son Ami, pour lui faire voir par *Wicquefort* même, le peu de justesse du Paralralléle, & pour repondre en même tems aux Argumens de Mr. de Monti, que l'autre avoit semblé adopter dans leurs Conversations. Voilà l'occasion & l'objet de la premiére des trois Lettres suivantes.

L'Auteur du Billet aiant lû cette Lettre ne voulut pas y repondre par écrit : Mais il dit à un Ami commun, qui s'est donné la qualité de Gentilhomme *François*, qu'il seroit facile de la refuter, & d'en saper les fondemens. Il lui fit même part de plusieurs raisons savantes, par lesquelles il croïoit pouvoir combattre son Adversaire. Frapé de ces Argumens, l'Ami commun les exposa dans un Entretien qu'il eut avec l'Auteur des Lettres, qu'il attaqua vivement, sur-tout au sujet de l'avanture des Ambassadeurs Hollandois, raportée par *Wicquefort*.

Comme il est difficile d'eclaircir les Faits historiques sans consulter des Livres, l'Auteur des Lettres demanda du tems pour feüilleter les siens ; & ce fut quelques jours après qu'il écrivit la seconde de ces Lettres au même Ami commun.

Ce-

Celui-ci ne ſe croiant pas encore vaincu, ou voulant mieux s'inſtruire par de nouvelles Objections, en forma quelques-unes, ſous le titre de RE-FLEXIONS, que le Lecteur trouvera à la fin de la ſeconde Lettre.

Elles engagérent le Gentilhomme Pruſſien à y repliquer par une troiſiéme, qui en partie n'eſt qu'une repetition des deux premiéres Lettres dans leſquelles il avoit repondu par avance, à la plûpart des Argumens contenus dans ces *Reflexions*. La diſpute entre eux en eſt reſtée là.

# LETTRE.

*D'un Gentilhomme Prussien à un Gentilhomme Courlandois, au sujet du Marquis de Monti.*

A B. ce 26 Juillet. 1734.

VOus me demandez, Monsieur, si les Russiens, après la prise de Dantzig, ont été en droit de traitter Monsieur le Marquis de *Monti* en Prisonnier de guerre? Vous semblez en douter, & vous apuyez vôtre doute sur les Refléxions que le Marquis a jointes à une de ses Lettres à Monsieur le Comte de *Munich*, & sur l'exemple du Roi *Charles Gustave*, que *Wicquefort* (*) accuse d'avoir enfraint le Droit des Gens, quoiqu'il n'eût fait que menacer de prison les Ambassadeurs Hollandois, qui avoient brigué contre lui à Copenhague, en 1656.

Permettez-moi, Monsieur, de faire quelques Reflexions sur cet endroit de *Wicquefort*, avant que d'en faire sur celles du Marquis de Monti.

I. *Charles Gustave* n'étoit pas alors en guerre avec les Provinces Unies, & la France,

quoi-

* *L'Ambassadeur & ses Fonctions L. I. p.* 490. *&* 491. *Edition de 1715. in quarto.*

quoique le Marquis de *Monti* en diſe, avoit actuellement commencé de la faire aux Ruſſiens, avant la reddition de Dantzig, leur ayant enlevé des vaiſſeaux ; ayant envoyé une Eſcadre & des troupes au ſecours d'une Ville par eux aſſiegée, & ce ſecours ayant attaqué, quoique ſans ſuccès, leurs Retranchemens.

II Les Ambaſſadeurs Hollandois n'étoient pas moins envoyez au Roi de Suéde, qu'à celui de Dannemarc, de ſorte que *Charles Guſtave* ne pouvoit ni les maltraiter ni les menacer, ſans agir contre le Droit des Gens, qui oblige inconteſtablement tout Prince qui reçoit des Ambaſſadeurs, d'une Puiſſance Amie, ou Neutre, à proteger & à garantir leur inviolabilité.

Le Marquis de *Monti* au contraire, lors de la Reddition de Dantzig, ne pouvoit être conſideré que comme étant envoyé de la part d'une Puiſſance Ennemie des Ruſſiens, & de leurs Alliés, à *Staniſlas*, & à ladite Ville, l'un & l'autre pareillement Ennemis déclarés de la Cour de Ruſſie.

III. Les Miniſtres Hollandois, tous Gens de Robbe, n'étoient pas ſortis des bornes de leur Miniſtère. Ils étoient chargés de moyenner la Paix, & il eſt à croire qu'ils n'avoient animé la Bourgeoiſie de Copenhague à ſe bien defendre, ( ſuppoſé, que le Chevalier *Terlon* qui l'aſſûre, ait raporté juſte ) que pour entretenir la Guerre dans une eſpéce d'équilibre ; juſqu'à ce qu'ils euſſent vû l'effet de leur Meditation.

F 2

Dans

Dans le cas préfent, le Marquis de *Monti*
a beau affûrer, dans la quatriéme de fes Reflexions, qu'il n'eft pas forti du Miniftère
d'Ambaffadeur ; on fait trop pofitivement
qu'il a plus fait à Dantzig la fonction d'un
Général Commandant que celle d'un Miniftre Etranger, & on l'a pris, pour ainfi
dire, les Armes à la main.

Enfin, Monfieur, je vous fais juge, vous
même, fi l'argument qu'on peut tirer du cas
fusdit peut s'apliquer à celui du Marquis
de *Monti*? Le même Auteur que vous citez, raporte un autre exemple, beaucoup plus
reffemblant à celui d'aujourd'huy. Vous le
trouverez *Livre I. Section* 32. *p.* 384., &
j'en ferai ufage ci-deffous, en repondant à
la quatrieme Reflexion dudit Marquis.

Je viens aux Reflexions de ce Miniftre.
J'en repeterai la fubftance, avant que de vous
communiquer ce que j'en penfe.

## PREMIERE REFLEXION DU MARQUIS.

*Il n'y a point de guerre declarée entre la
France & la Ruffie.*

## REPONSE.

JE ne fai quel argument il croit pouvoir
tirer de cette Reflexion, ni ce qu'il veut
dire, en difant qu'il n'y a pas de guerre
de-

declarée, lorsque toute l'Europe sait que la France a allumé le feu de la guerre, en Italie & en Allemagne, sous prextexte de soutenir *Stanislas* sur le Trône de Pologne ; que les Russiens la font à outrance à celui ci & à ses Adherens, pour l'empêcher d'y monter ; qu'ils avoient assiegé Dantzig, où *Stanislas* & le Marquis de *Monti* étoient enfermés ; que la France a envoyé une Escadre de Vaisseaux de guerre, & des Troupes, pour tenter le secours de la Ville assiegée ; que ces Vaisseaux ont enlevé des Vaisseaux Russiens ; que les Troupes Françoises ayant à leur tête le Comte de Plelo, ont attaqué les Retranchemens des Russiens ; qu'elles ont été repoussées & battuës, & qu'enfin les Russiens les ont forcé de capituler, &c. peut-on douter, après toutes ces circonstances, qu'il n'y ait pas de guerre déclarée entre la France & la Russie ? Seroit-elle plus réellement declarée par des Manifestes, que par des Hostilitez reciproques ?



SE-

## SECONDE REFLEXION.

*Quand même la declaration de guerre seroit faite, l'usage est, qu'on donne des passeports aux Ministres qui sont dans les Cours qui entrent en guerre, pour sortir des Etats. A plus forte raison je dois l'avoir, parceque je suis dans une ville de la Republique de Pologne, de qui j'ai été reconnu dans un tems de tranquilité, & par le feu Roi, & que tous les Ministres des Princes qui sont en guerre avec la France, m'ont reconnu en cette qualité après la mort du Roi Augufte; que j'ai traité avec eux, & que je n'ai pas remis mon Caractére entre les mains du Roy mon Maître, ni eu de nouvelles Lettres de Créance.*

### REPONSE.

AEntendre raisonner ainsi Monsieur le Marquis de *Monti*, on diroit qu'il a mauvaise opinion du bon sens des Rusfiens, des Saxons, & de la Republique confédérée, puisqu'il entreprend de leur oposer un tel Sophisme.

Il est certain que l'usage veut tout ce que le Marquis établit, comme une Regle du Droit des Gens. Les Puiffances qui entrent

trent en guerre, donnent ordinairement &
reciproquement des paſſeports aux Miniſtres
publics, qui reſident à leurs Cours reſpecti-
ves, & je ne doute pas que la France &
la Ruſſie n'euſſent obſervé cette Regle, ſi
l'une avoit eu un Miniſtre de Ruſſie, & l'autre un Miniſtre de France chez elles. Mais
je n'ai jamais ouï dire, que cet uſage s'eten-
dît auſſi ſur les Miniſtres qui ſont accreditez
en des lieux tiers, & qui reſident de la part
d'une Puiſſance Ennemie, auprès d'un autre Ennemi déclaré d'une troiſiéme Puiſſance.

Il y a une regle bien moins ſuſceptible
d'exceptions, & bien plus aplicable au cas
en queſtion, que celle que le Marquis alle-
legue; vous la trouverez dans le *Juge competent des Ambaſſadeurs*, & dans tous les
Auteurs qui ont écrit ſur ce ſujet, & dont
*Barbeyrac* a cité une partie dans ſes Remarques. Il dit: (*) que les Droits & Privileges des Ambaſſades n'ont lieu, qu'entre le
Prince, qui envoye des Ambaſſadeurs, &
celui à qui il les envoye; enſorte que *NB.*
par raport à tout autre, ils ne ſont que comme ſimples particuliers.

Cette regle eſt fondée ſur la droite Raiſon,
& ſur l'uſage; témoin l'exemple du feu Baron de *Goertz*, que les Etats Généraux n'euſſent pas été en droit d'arrêter, comme ils le
firent

* *Le Traité du Juge competent des Ambaſſadeurs; traduit par Barbeyrac Ch. 9. §. 7.*

F 4

firent en 1717. si un Ministre public jouïs-
soit des mêmes Privileges, par tout ailleurs,
que dans les Etats du Prince auquel il est
envoyé. L'Auteur du *Juge competent*, a-
près avoir raporté ce fait dans le Chapitre
susdit, ajoute reïterativement à son recit,
que certainement les Privileges des Ambassadeurs n'ont lieu que sur les Terres de la
Puissance auprès de laquelle ils sont envoyés
&c., & il apuye la justesse de cette Maxime du témoignage de *Grotius* & de plusieurs
autres Savants qui ont traité du Droit des
Gens.

Peut-être me direz-vous, Monsieur, que
cet Argument est plus pour, que contre le
Marquis de *Monti* ; parceque ce Ministre
ayant été reconnu en qualité d'Ambassadeur,
par la Republique de Pologne, tant avant
qu'après la mort d'*Auguste II.*, & ayant été
arrêté à Dantzig, ville appartenant à la Pologne, c'étoit à *Auguste III.* & à la Republique confédérée à ne pas permettre qu'on
violât ses Immunités dans l'étenduë du Royaume, & de ses dépendances. Mais vous me
permettrez de vous faire remarquer ;

I. Que la Republique après sa Scission declarée, s'étant partagée en deux Factions,
dont celle qui a élu, & couronné *Auguste
III.*, traite comme de raison, celle de *Stanislas* & *Stanislas* lui même de Rebelles, &
d'Ennemis de la Patrie ; & la Cour de France
soutenant ouvertement la derniere, il ne seroit ni juste ni raisonnable au Marquis de
*Monti* d'exiger que le parti d'*Auguste* lui ac-
cordât

cordât des immunités duës d'ailleurs au Caractere d'Ambaſſadeur, tandis que de ſon
côté il a travaillé notoirement à la deſtruction de ce même parti.

II. Que par la même raiſon, *Auguſte
III.* & ceux de ſon parti, c'eſt-à dire la
Republique conféderée, ne ſont dans aucune obligation de regarder le Marquis comme un Ambaſſadeur, puiſqu'il eſt conſtant,
ſelon les regles du bon ſens, & ſelon le témoignage de *Wicquefort* (*) „ qu'un Prince
„ n'eſt pas obligé de faire jouïr de la protec-
„ tion du Droit des Gens, le Miniſtre qu'un
„ autre Prince envoye à ſes ſujets ſoulevez &
„ rebelles, pour *NB.* fomenter la Revolte, &
„ la Faction dans ſon Royaume".

III. Que pour juger du Caractère d'un
Miniſtre etranger, & des Droits qui y ſont
attachez, il faut voir ſes Lettres de Creance.
Ce ſont elles qui doivent décider, à qui il
a été envoyé, & qui eſt dans l'obligation
de le faire jouïr de la protection du Droit
des Gens.

Or le Marquis de *Monti* n'en a jamais
préſenté à *Auguſte III.*, & à la Republique
Conféderée, ni à l'Imperatrice de Ruſſie ;
donc ces deux Puiſſances ne ſont nullement
tenuës à le regarder comme un Miniſtre Public. J'en ai donné la raiſon ci-deſſus, en
citant le *Juge competent.*

IV. Que le Marquis a beau dire dans ſa
Re-

---

* *L'Ambaſſadeur & ſes Fonctions. L. I. p. 86.*

Reflexion, qu'*Auguste II.* & la Repulique l'avoient reconnu dans un tems de tranquilité. La Republique ayant totalement changé de face & d'état depuis qu'elle l'a reconnu, le Caractère du Marquis, par raport à elle, eſt expiré, il y a 10 mois; car

Le Caractère d'Ambaſſadeur n'eſt rien moins qu'indelebile. Que le Souverain, p. e., qui l'a envoyé vienne à manquer, que le Prince à qui il eſt envoyé vienne à mourir, l'Ambaſſadeur s'il veut continuer d'exercer ſa fonction, doit être accrédité par de nouvelles Lettres; ſans elles ſon Ambaſſade eſt cenſée finie. C'eſt un uſage fondé ſur la raiſon, & qui n'eſt ignoré de perſonne. J'ai dit il n'y a qu'un moment, que le Marquis n'a jamais été muni de telles Lettres, ni pour l'Imperatrice de Ruſſie, ni pour *Auguſte III.*, ni pour la Republique confédérée, & il en convient bonnement lui-même.

V. Que ſi le parti d'*Auguſte III* ne ſauroit être tenu, comme il ne l'eſt pas, de reſpecter le prétendu Caractere du Marquis, la Cour de Ruſſie, qui eſt une Puiſſance independante; qui eſt en guerre avec le partie de *Staniſlas*, & avec la France même; & qui a reduit la Ville de Dantzig, le receptacle principal de la Faction rebelle, par la force des Armes; la Ruſſie, dis-je, y eſt tenuë encore moins. Les raiſons que j'en ai données ſont trop claires & trop convainquantes, pour avoir beſoin d'être repetées.

TROI-

## TROISIEME REFLEXION.

*Mon arrêt ſeroit contraire au Droit des Gens, qui eſt reſpecté par tout , & que perſonne ne peut violer, puiſqu'il intereſſe tous les Souverains, dont non ſeulement les Ambaſſadeurs, mais tout ce qui leur apartient, eſt regardé comme ſacré.*

## REPONSE.

QUe le Marquis prouve, qu'il doit être conſideré par d'autres, que par *Staniſlas Leszczinſki*, comme un Ambaſſadeur, & cet Argument ſera ſans replique. En attendant, je m'en tiens à ce que j'ai repondu à la Reflexion précedente, & je ſoûtiens, par les raiſons que j'ai alleguées, que l'Arrêt du Marquis n'eſt nullement contraire au Droit des Gens.

QUA-

## QUATRIEME REFLEXION.

*Je ne suis pas sorti du Ministére d'Am-*
*bassadeur ; n'ayant point porté les Ar-*
*mes contre les Troupes Russiennes &*
*ses Alliés, m'étant borné uniquement à*
*suivre les Instructions que j'avois.*

### REPONSE.

C'Est de quoi les Russiens ne conviennent pas. Ils pretendent au contraire,
avoir des preuves en main, par lesquelles
le Marquis peut être convaincu de s'être
comporté, durant le siége de Dantzig, non
en Ministre, mais en Officier Général.

Supofons cependant qu'il accuse juste.
Il a été démontré ci-dessus, dans la Reponse à la seconde Reflexion, que son pretendu
Caractére d'Ambassadeur ne regarde pas les
Russiens, & il s'ensuit delà, qu'ils eussent
pû l'arrêter, quand même il n'en auroit pas
passé les bornes. Aussi ne sont-ils pas les
premiers qui ayent arrêté un Ministre Public en pareille occasion. Voici l'exemple
parallele que je vous ai promis ci-dessus. (*)

Monsieur de *Lansac de St. Gelais*, Ambassadeur

_________________________

* *Voy. l'Ambassadeur & ses Fonctions Livre I. Section.*
23. *p.* 384.

fadeur de France à la Cour de Rome, reçût ordre du Roi, dit *Wicquefort*, d'aller à Siene, & de s'y charger de la direction des affaires. Mais *Cofme* Duc de Florence avoit fi bien occupé les avenuës de la Ville, que *Lanfac* fut découvert & arrêté. La France le reclama, & voulut le faire confiderer comme un Miniftre Public, parcequ'il n'avoit pas été rapellé de Rome; mais il ne fut point traité en Ambaffadeur, & ne fut pas mis en liberté en vertu du Droit des Gens, mais par échange, comme un Prifonnier de guerre.

Toute la difference, qu'il y a, entre *Lanfac & Monti*, c'eft que 1. l'un étoit actuellement Ambaffadeur auprès du Pape, qui vivoit en paix avec les Parties belligerantes d'alors, & que l'autre l'étoit auprès de *Staniflas*, Ufurpateur de la Couronne de Pologne, & Ennemi déclaré des Ruffiens. 2. L'un fut pris lorfqu'il vouloit entrer dans la Ville de Sienne, inveftie par les Efpagnols & par le Grand Duc, & l'autre a été pris après la reduction de Dantzig, & après y avoir foutenu un fiege de cinq mois.

Le Marquis nous affûre, à la verité, qu'il s'eft borné uniquement à fuivre les Inftructions, & je ne crois pas que perfonne en doute: Mais *Lanfac* fuivoit auffi les fiennes, & n'en fut pas moins Prifonnier de guerre. L'un & l'autre euffent rifqué d'être traités comme des efpeces d'Incendiaires, s'ils avoient été foupçonnés d'avoir agi fans ordres.

CIN-

# CINQUIEME REFLEXION.

*Il est nécessaire de dire, qu'ayant quitté Varsovie le 22. Septembre, j'y ai laissé mon Palais, avec les Armes du Roi mon Maître sur la porte, & tous mes Meubles & Equipages. Monsieur l'Ambassadeur de l'Empereur, Monsieur le Grand Ecuyer Comte Lewolde & Monsieur le Comte son frere, Ministres Plenipotentiaires, prévoyant 'ma retraite de Varsovie, priérent Monsieur Wodward Envoyé d'Angleterre, & Monsieur Kinner Resident de l'Empereur, de venir chez moi, pour me dire de leur part que je ne devois avoir aucune inquietude pour mes meubles & équipages, que tout seroit gardé soigneusement, non seulement par raport à mon caractére, mais par raport à la façon cordiale avec laquelle nous avions vecû. Ce qu'ils ont fait observer, avec une politesse au delà de toute expression, & quoi qu'il y ait plusieurs mois que je n'en ai point eu de nouvelles, je ne doute point que ces ordres n'ayent toûjours été observés. Monsieur Wodward Envoyé d'Angleterre &,*

Mon-

*Monsieur* Rumpf *Ministre d'Hollande, me dirent que s'il arrivoit quelque chose, pendant mon absence à mon palais, où à mes Domestiques, ils s'eleveroient hautement, pour soutenir le Droit des Gens. Et Monsieur* Kinner *Resident de l'Empereur ajoûta, que tous mes Domestiques n'avoient qu'à s'adresser à lui, parceque dans pareille occasion, tous les Ministres doivent se soutenir l'un l'autre. Si on a eu de si justes égards pour mes Domestiqnes, & Equipages, que ne dois-je pas attendre pour ma Personne, quoique Monsieur le Maréchal* Munich *affecte de ne me traiter dans ses Lettres, que de Marquis de* Monti, *sans parler de ma qualité d'Ambassadeur?* &c.

## REPONSE.

IL ne me semble pas qu'il ait été fort nécessaire de dire tout ce que le Marquis dit dans cette Reflexion. Il est sûr au moins, qu'elle ne conclut rien à son avantage.

La Politesse des autres Ministres étrangers à Varsovie, de laquelle le Marquis prend à tâche de se louer, lui est d'un foible secours. Supposé que des promesses, faites par des Ministres Etrangers, dans une affaire hors de leur competence, & qui regarde princi-

pale-

palement la puissance auprès de laquelle ils
resident ; supposé que ces sortes de promesses puissent être de quelqu'effet, les assû-
rances obligeantes que ces Messieurs ont
données au Marquis, avant sa retraite de
Varsovie, c'est-à-dire avant le 22. Septembre, étoient aparemment fondées sur ce
qu'ils étoient encore incertains quel parti
final prendroient les *Anti-Stanislaistes*, qui
s'étoient retirés à Prague, & qui n'élurent
*Auguste III.* que 15. jours après.

Il en est de même de la sûreté du Palais
& des Equipages que le Marquis dit avoir
laissez à Varsovie & qui y sont en pleine sûreté. Cet Argument ne prouve autre chose,
sinon que ceux du parti d'*Auguste III.* n'ont
pas été aussi barbares, que les Partisans de
*Stanislas*, qui avoient assiegé & pillé des Mai-
sons notoirement Privilegiées. Quoique celle du Marquis eût pû être pareillement sa-
cagée, sans aucune Contravention au Droit
des Gens, vû tout ce qui est arrivé depuis,
on a eu la discretion de n'y point toucher,
& il y a aparence que le Marquis lui-même
auroit eu tout aussi peu à craindre que son
Hôtel, si au lieu de s'enfuir à Dantzig &
d'en soutenir le Siége, il étoit resté à Varsovie. Mais il a tort ce me semble, d'inter-
prêter comme un devoir, ce qui n'est qu'un
effet de la moderation & de l'indulgence
d'*Auguste III.*, des Russiens, & de la Republique confédérée.

Permettez-moi, Monsieur, de vous rapeller le détail de tout ce qui s'est passé depuis

puis le 22. Septembre; jour auquel le Marquis dit qu'il s'est retiré de Varsovie.

D'un côté la Republique confédérée, faisant un Corps independant & tout séparé de la faction de *Staniflas*, a solemnellement invalidé & annulé en vertu du *Liberum Veto*, & de l'usage établi dans les scissions tout ce qui s'étoit fait à l'occasion de la *Pseudo* Election de *Staniflas*: Elle a élu le 5 d'Octobre *Auguste III*. Elle l'a couronné au mois de Janvier suivant. Le nouveau Roi, conjointement avec l'Imperatrice de Russie, a fait la guerre à *Staniflas*, & à ceux qui lui adheroient.

D'un autre côté, la France & ses Alliez ont déclaré la guerre à l'Empereur, sous pretexte de maintenir *Staniflas* sur le Trône de Pologne, temoin les Manifestes & les Déclarations qu'ils ont fait publier. L'Ambassadeur de France à *Stockholm* a employé publiquement le verd & le sec, pour porter la Suéde à faire une diversion à l'Imperatrice de Russie; le Marquis de *Monti* en a fait autant en Pologne, où il a sonné le Tocsin contre les Russiens, & contre la Republique confédérée, afin de détruire la faction *d'Auguste III*; le parti de *Staniflas* a fait ouvertement la guerre à celui d'*Auguste III*. & aux Russiens. Le Marquis de *Monti* au lieu de rester à Varsovie comme les Ministres d'autres Puissances Amies ou Neutres, s'est enfui avec *Staniflas* à Dantzig; il a animé la Ville, tant par des corruptions que par des promesses à se déclarer ouvertement pour

*Staniſlas*, & à faire la guerre aux Ruſſiens &
à *Auguſte III*, qui venoient l'y aſſieger ; il
s'y eſt arrogé le Commandement ſuprême ;
la Cour de France ayant envoyé des vaiſſeaux
de guerre, & des Troupes au ſecours des
aſſiegés, ce ſecours a été adreſſé aux ordres
du Marquis de *Monti*. Lesdits Vaiſſeaux ont
enlevé une Fregatte & d'autres Batimens de
la Flotte Ruſſienne ; les Troupes Françoiſes
debarquées à Weichſelmunde ont attaqué
ſous la conduite du feu Comte de *Plelo*,
Ambaſſadeur de France à la Cour de Dannemarc, & du Brigadier *la Motte*, les Retranchemens Ruſſiens ; elles ont été battuës,
& forcées bientôt après par les Armes Ruſſiennes, à capituler ; la Ville de Dantzig
s'étant pareillement renduë, s'eſt ſoumiſe à
*Auguſte III* ; *Staniſlas* s'eſt échapé, durant
la Capitulation, le Marquis de *Monti*, comme il en eſt convenu lui même, ayant été du
ſecret.

Tels ſont les changemens qui ſont arri-
vés depuis le 22. Septembre. Je vous fais
juge, Monſieur, s'ils n'alterent pas évidemment l'état du caractere du Marquis de *Monti* ? De quel Droit peut-il prétendre à la conſervation de ſon inviolabilité, je ne dirai pas,
auprès des Ruſſiens, chez leſquels il ne fut
jamais accredité ; mais auprès de la Republique confédérée, auprés d'*Auguſte III*. le-
gitiment élu & couronné, qu'il ne reconnoit
point pour tel & dont la deſtruction étoit l'objet principal de ſes inſtructions & de ſes bri-
gues.

N'eſt-

N'eſt-il pas connu, que dans une guerre civile, la même Nation peut ſe diviſer en deux factions, ſi également puiſſantes, ſoit par elles-mêmes, ſoit par leurs Alliés, que pour me ſervir des termes de *Grotius*, (*) *elles repreſentent pour un tems, comme deux Puiſſances differentes* ? Seroit-il raiſonnable qu'un Ambaſſadeur, reſidant chez une de cette ſorte de factions, pût pretendre au même Droit d'inviolabilité, auprès de la faction contraire; ſur tout quand il travaille notoirement (je le repete) à l'oprimer & à la ruiner ? Seroit-il raiſonnable que des Lettres de Créance, renduës autrefois à un Prince Ami, ou ſi vous l'aimez mieux, à une Republique tranquile & unie, puſſent operer ſur un Succeſſeur dont les Maximes different de celles du Deffunt, ou ſur les differens partis dans leſquels cette même Republique s'eſt long-tems après partagée, & qui ne reconnoiſſent aucune ſuperiorité.

Ne ſait-on pas d'ailleurs, comme je l'ai déja remarqué, que le Caractere d'Ambaſſadeur n'eſt pas permanent, & qu'il y a pluſieurs cas, dans leſquels il ceſſe, ou a beſoin d'être renouvellé ? Ne ſait-on pas, comme je l'ai prouvé ci-deſſus, que l'inviolabilité d'un Ambaſſadeur ne ſauroit, ſelon le Droit des Gens, avoir lieu que chez le Souverain auprès duquel il eſt envoyé ?

Enfin,

* *Grotius de jure belli & pacis Lib.* 2. *cap.* 18. §. 2.

G 2

Enfin, Monsieur, de quelque côté que j'envisage le cas du Marquis de *Monti*, il ne me semble pas que le Droit des Gens puisse lui servir de protection, ni que les Russiens ayent tort de le traiter comme un Prisonnier de Guerre. Ils en ont tout aussi peu, à mon avis, d'en user ainsi qu'ils en eussent eu s'ils l'avoient tué dans quelque Combat, comme ils ont tué le Comte de *Plelo* Ambassadeur à la Cour de Dannemarc.

Il ne m'eût pas été difficile d'enrichir cette Lettre de quantité d'autres raisons & d'exemples, & d'apuyer mon sentiment de l'autorité d'un plus grand nombre d'Auteurs, qui les ont compilés, & qui ont traité cette matiére plus à fonds que moi : Mais je me flatte d'en avoir assez dit, pour vous convaincre que je n'ai rien avancé qui ne soit raisonnable, & que je n'aye suffisamment prouvé. Cependant, si vous êtes d'un avis contraire, & que vous ayez des raisons plus fortes que les miennes à m'oposer, je vous suplie de ne m'en pas fruster. Vous me trouverez, en tout cas, tout aussi facile à me retracter de mon opinion, que je l'ai été à vous l'exposer.

*Si quid novisti rectius istis,*
*Candidus imperti, si non, his utere mecum.*
Hor.

S E.

# SECONDE LETTRE.

*D'un Gentilhomme Pruſſien à un Gentil-homme François, au ſujet du Marquis de Monti.*

A B. ce 8. d'Août 1734.

VOus croyez donc, Monſieur, à ce que vous me diſiez dernierement, qu'il ſeroit facile à nôtre Ami Courlandois de refuter ma Lettre du 26. Juillet, & d'en ſapper, diſiez-vous, les fondemens. Je n'ai pas aſſez d'amour propre, pour les croire inebranlables ; mais je ſerai aſſez charitable, pour vous avertir que, ſi j'ai bien compris les endroits que vous pretendez attaquer, vous attacherez mal le Mineur, & que les fondemens les plus ſolides, ſur leſquels j'ai bâti mon raiſonnement, ne ſont pas ceux que vous entreprenez de renverſer.

Vous dites, Monſieur, que je me ſuis trompé en deux points, que vous regardez comme les baſes de mes Arguments.

I. J'ai avancé, dites vous, que les Provinces Unies n'étoient pas en Guerre avec la Suéde, quand *Charles Guſtave* donna à leurs Ambaſſadeurs cette Reponſe menaçante, que *Wicquefort* trouve ſi contraire au Droit des Gens.

G 3

Vous

Vous foutenez cette attaque par l'autorité de plufieurs Auteurs qui affûrent, dites-vous, que la fcène dont il s'agit fe joüa en 1659. après que la Flotte de Hollande eut battu celle de Suéde. Vous inferez delà, que ces deux Puiffances ayant été alors en guerre, l'exemple des Ambaffadeurs Hollandois, quoique j'aye foutenu le contraire, peut être mis en parallele avec celui du Marquis de *Monti*; & vous concluez, que cela étant, les Ruffiens ont bien plus manifeftement enfreint le Droit des Gens, en arrêtant ce Marquis, que *Charles Guſtave* qui n'avoit fait que menacer les Ambaffadeurs Hollandois.

II. Vous me reprochez d'avoir dit en plus d'un endroit de ma Lettre, que l'Imperatrice de Ruffie eft en guerre avec la France, tandis que cette Princeffe, dites-vous, affûre elle-même publiquement, dans la Déclaration donnée au Brigadier *la Motte*, & envoyée à la Cour de France, qu'il n'y a pas de guerre entre elles.

Vous prétendez tirer delà un Argument fans replique, favoir que s'il eft vrai, comme il l'eft felon vôtre fupofition, qu'il n'y ait pas de guerre entre la Ruffie & la France, la premiere n'eft en aucun droit de traiter un Ambaffadeur de l'autre, en prifonnier de Guerre.

Vous m'avoüerez, Monfieur, que c'eft expofer vos deux objections, avec toute la clarté, avec toute la force que vous pourriez vous-même leur donner.

Je

Je pourrois, si je voulois raccourcir le plaisir de nôtre dispute, vous accorder l'une & l'autre; ma these; *que les Russiens n'ont pas agi contre les Regles du Droit des Gens, en arrêtant le Marquis de Monti*; ne perdroit rien parlà de son évidence. Les deux Argumens auxquels vous vous êtes attaché ne sont, pour ainsi dire, que des especes d'Ouvrages détachez, dont la prise n'affoibliroit pas le corps de la Place; je veux dire que ces objections ne font rien au fonds de la question. Mais il ne sera pas dit que je vous aye abandonné ce terrain; quelqu'inutile qu'il me paroisse; sans vous l'avoir disputé. Je commencerai à vôtre exemple, par celui de *Charles Gustave*.

## REPONSE A LA I. OBJECTION.

J'avouerai d'abord, que l'endroit de *Wicquefort* qui raporte l'Avanture des Ambassadeurs Hollandois, est très vicieux, par raport à la Chronologie, & aux circonstances. Nous avons eu également tort, nôtre Ami & moi, d'en tirer les differens argumens, dont nous nous sommes servis, avant que d'avoir confronté le recit de cet Auteur avec celui d'autres Ecrivains, qui ont écrit l'Histoire du Siecle passé. La Matiére est assez interessante pour meriter d'être éclaircie, & je n'eusse pas tant tardé de l'approfondir, s'il m'étoit tombé dans l'esprit, de



me

me défier de la bonne foi de *Wicquefort*, ou
de son exactitude.

Relisez, je vous en prie, tout l'endroit
que nôtre Ami m'avoit indiqué dans l'*Ambassadeur & ses Fonctions* dudit Auteur ;
c'est-à-dire toute la page 490. du I. Livre de
l'Edition de 1715. *in quarto*. Vous y trouverez que *Wicquefort* raporte le fait en question comme étant arrivé au mois de May en
1656. *Le même Roi de Suéde*, dit-il, après
avoir nommé, dans la periode precedente,
l'année & le mois d'une autre avanture des
mêmes Ambassadeurs, *auroit plutôt violé le
Droit des Gens dans une rencontre qu'il eût a-
vec les mêmes Ambassadeurs Hollandois*, NB.
*au mois May suivant*.

Vous conviendrez, sans doute, que les
consequences & les argumens que j'avois
tiré de ce recit, font très naturels, dès qu'on
supose que le recit lui-même est juste. Mais
je le repete, *Wicquefort* s'est trompé ou s'est
mal expliqué. Je ne m'en serois pas défié,
si vos objections ne m'avoient donné la cu-
riosité d'examiner ce que d'autres pouvoient
avoir écrit sur les mêmes faits. J'ai trouvé
de quoi me contenter, en feuilletant entre
autres, l'Histoire de *Charles Gustave*, écrite
par *Puffendorf*, Auteur d'une exactitude, &
d'un fidelité reconnuë.

Le raport qu'il nous fait, (*) de ce qui
arriva, au mois d'Avril 1656, entre les Am-
bassa-

---

* *Voy. son Histoire de Charles Gustave. Livre 3. §. 94.*

baſſadeurs Hollandois & le Commandant de Lauenbourg, ne differe en rien de celui de *Wicquefort.* Mais il ne dit pas, comme celui-ci, que les mêmes Ambaſſadeurs virent le Roi de Suéde au mois de may ſuivant, en Dannemarc. Auſſi ne purent-ils pas l'y voir, *Charles Guſtave* ſe trouvant alors en Pologne, & n'étant marché en Dannemarc qu'après que les Danois lui eurent déclaré la guerre, ce qu'ils ne firent qu'en 1657.

Le même *Puffendorf* s'accorde pareillement avec *Wicquefort*, dans le détail qu'il nous donne de l'Audience dans laquelle *Charles Guſtave* maltraita de paroles, les Ambaſſadeurs des Provinces-Unies. Mais il en place l'epoque au mois d'Août 1659. Enfin il eſt averé qu'en 1656. il n'y eut pas de guerre entre le Dannemarc & la Suéde, ni entre celle-ci, & la Hollande.

Après l'aveu que je viens de faire, vous croirez apparemment, Monſieur, que je n'avoüerai pas moins qu'il y eut guerre entre *Charles Guſtave* & ladite Republique, lors de l'Audience donnée, dans le mois d'Août 1659. & que par conſéquent, l'exemple des Ambaſſadeurs Hollandois puiſſe être mis en parallele, comme nôtre Courlandois l'avoit d'abord ſoutenu, avec celui du Marquis de *Monti.* Je pourrois ſans préjudicier à ma cauſe, vous accorder le premier, ſans convenir du ſecond: mais j'ai de quoi prouver le contraire de l'un & de l'autre. C'eſt toûjours *Puffendrof* qui me fournir ces preuves.

Cet Auteur, après nous avoir donné le



dé-

détail de la Bataille Navale que l'Amiral
*Obdam* gagna fur les Suédois, le 29. Octobre 1658. nous en donne un fort ample (*)
des differens fentimens, qui furent agitez
dans les Confeils de *Charles Guftave* fur la
conduite qu'il auroit à tenir envers les Provinces Unies.

Quoi qu'Elles foutinffent dans le Public,
qu'Elles ne faifoient point la Guerre à ce
Prince ; leur Alliance faite contre lui, avec
la Cour de Dannemarc, la défaite de fa Flotte, d'autres Hoftilitez commifes contre lui,
ne pouvoient paffer pour des actes de Paix,
& le mettoient évidemment en droit d'en tirer vengeance, en leur faifant à fon tour la
guerre. Mais des confiderations plus fortes
& fur-tout fon impuiffance, modererent fon
reffentiment & le déterminerent à diffimu-
ler fon chagrin. Il refolut, pour cet effet,
de regagner, à quelque prix que ce fût, l'a-
mitié des Etats Généraux. Il ne leur fit directement aucun mal. Il ne rapella point
d'auprès d'eux *Appelboom* Miniftre de Suéde. Il ne rejetta aucune négociation, qui eut
pû le reconcilier avec eux.

D'un autre côté, l'intention de *Leurs Han-
tes Puiffances* n'étoit pas de continuer la guerre, mais de rétablir la paix & l'Equilibre
entre les deux Couronnes du Nord. Elles
entremêloient leurs Hoftilitez de toutes fortes de Déclarations pacifiques. Elles étoient
ravies

* *ibid L. 5. §. 108. Sqq.*

ravies de voir rester *Appelboom* à la Haye. Elles concerterent & declarerent, le 11. may 1659. (*) conjointement avec les Ministres de France & d'Angleterre, une Trève de 3. Semaines; ordonnerent à leurs Amiraux dans la Mer Baltique, de l'observer; & firent partir, en même tems, deux Ambassades differentes, l'une pour *Charles Gustave*, & l'autre pour le Roi de Dannemarc, chargées d'offrir leur Médiation.

Ces Ambassades arriverent dans le cours du mois de may, sur des vaisseaux differens, dans le Sond. *Slingeland*, arrivé quelques jours avant ses Collegues, écrivit au Roi de Suéde, pour lui notifier son arrivée, & pour lui demander Audiance. Le Roi balança quelques tems, mais il resolut enfin de l'admettre. Il lui signifia cette resolution, par une Reponse, dattée du 25. may, & lui envoya en même tems un Passeport.

Notez en passant que sans ces formalités *Slingeland*, malgré la Trève declarée par les États Généraux, malgré son Caractére, malgré les dispositions favorables de ses maîtres, & de *Charles Gustave*; *Slingeland*, dis-je, eut risqué d'être frustré de la protection du Droit des Gens, rarement respectée dans un tems de guerre; mais enfin cet Ambassadeur debarqua à Cronenbourg, où le Roi de Suéde étoit, & ce Prince lui donna une audience qui se passa de part & d'autre d'une maniere fort amiable. *Char-*

* *ibid L.* 6. §. 25.

*Charles Guſtave* fit plus; il donna 3. jours après, une audience pareille à *Huybert*, Collegue de *Slingeland*, & nomma des Commiſſaires pour traiter avec eux. La Négociation dura pluſieurs mois. Les Ambaſſadeurs, dans cet intervale, eurent pluſieurs Audiences, & ce ne fut qu'au bout de 3. mois; c'eſt-à-dire au mois d'Août de la même année, que *Charles Guſtave* leur donna, & aux Ambaſſadeurs Anglois, celle où les Hollandois furent outragés, & que *Wicquefort* confond avec la premiere. Vous en trouverez une Relation fort circonſtanciée dans l'Auteur préallegué. (*)

Il étoit néceſſaire que je m'étendiſſe ſur ces particularitez, pour vous faire voir d'autant plus clairement, que les Cas des Ambaſſadeurs Hollandois & du Marquis de *Monti* ſe reſſemblent trop peu (comme je l'ai montré, quoique ſur des ſuppoſitions differentes, dans ma Lettre du 26. Juillet) pour être mis en parallele. Permettez-moy d'en repeter les traits principaux, pour vous en faire convenir encore mieux.

En 1659. *Charles Guſtave* étoit reſolu de ne pas ſe reſſentir de la guerre que les Hollandois lui avoient faite. Il entretenoit toûjours un Miniſtre à la Haye & ce Miniſtre y étoit ſouffert. Les Etats Généraux venoient de déclarer une Trève. Ils lui envoyerent, durant cette Trève, une Ambaſſade

fade expresse. *Charles Gustave* pouvoit re-
fuser de l'admettre: (*) mais l'ayant reçûë
& ayant négocié, pendant quelque mois,
avec les Ministres qui la composoient, il é-
toit dans l'obligation ; soit qu'il y eût guerre
ou non entre la Suéde & la Hollande, de
leur rendre, jusqu'au moment de leur rap-
pel tout ce qui étoit dû à leur Caractère. Il
ne pouvoit démentir au mois d'Août ce
qu'il leur avoit accordé au mois de may de
la même année; & *Wicquefort* a raison de
regarder les menaces que ce Prince leur fit,
comme une contravention au droit des gens.
*Admissa legatio*, dit Grotius, (†) *etiam apud
Hostes, tanto magis apud Inimicos, præsidium
habet juris gentium*; c'est-à-dire selon la Traduction de *Barbeyrac*; lorsqu'on a une fois
reçû l'Ambassadeur, même de la part d'un Ennemi déclaré.---; les Ambassadeurs sont
sous la protection du Droit des Gens.

Dans le Cas du Marquis de *Monti* la chose est bien differente. Le Marquis n'étoit
envoyé, ni à l'Imperatrice de Russie, ni a
aucun de ses Alliez. Il l'étoit tout au plus
à *Staniflas Leszczinski* & à la Ville de Dantzig, l'un & l'autre Ennemis déclarés des
Russiens. Il étoit enfermé dans une Ville
par eux assiegée. Il en soutenoit, qui plus
est, le Siége contr'eux; il y commandoit en
personne; & il se donnoit d'ailleurs tous les

mou-

---

(*) *V. Grot. de jure belli & pacis. Lib. 2. C. 18. §. 5.*
(†) *ibid. §. 6.*

mouvemens poſſibles pour détruire le parti
d'*Auguſte III.*, que les Ruſſiens ſoutien-
nent.

Voilà de quelle maniere ſe ſoutient l'exemple parallele que nôtre Ami croyoit avoir
trouvé. J'euſſe pû y ajoûter, pour en rendre la diſparité encore plus ſenſible, la circonſtance des Hoſtilitez que l'Eſcadre & les
Troupes de France venoient d'exercer contre les Ruſſiens durant le Siége : mais ce
ſera l'objet de ma Reponſe à vôtre II. Objection, quoique, non plus que la préſente, elle ne faſſe rien au fond de nôtre diſpute.

# REPONSE A LA II. OBJECTION.

La ſeconde Sappe, que vous tentez, Monſieur, contre mes prétendus fondemens,
j'entends vôtre ſeconde Objection, me fera
apparemment encore moins de mal que la
premiere.

I. Vous dites, que l'Imperatrice de Ruſſie a declaré qu'elle n'eſt pas en guerre avec
la France. Je vous demande pardon la ; Déclaration ne me ſemble pas dire cela. Liſez-la
(*ci-deſſus pag.* 57.) & jugez-vous-même ſi cette Aſſertion s'y trouve.

Elle commence par ces mots.„ Les Trou-
„ pes Françoiſes, envoyées par la France, NB.
„ au ſecours de la Ville de Dantzig ayant été
„ reduites NB. par les Armes de ſa Majeſté
„ Imperiale de toutes les Ruſſies, à la néceſ-
ſité

„ fité de fe rendre par accord &c". Trouvez-
vous ferieufement, Monfieur, que ce foit la defcription d'un Acte de paix ? Vous faut-il d'autres marques caracteriftiques d'une guerre
formelle, que celles que la Déclaration Ruffienne vient de nous expofer.

II. La même Déclaration va encore plus
loin. Après avoir détaillé dans les deux
premiers Articles, les attentats de l'Efcadre
Françoife, contre une Frégatte, & d'autres
Batimens de la Flotte Ruffienne, elles s'en
explique ainfi dans le troifiéme Article; „Lef-
„ quelles NB. Hoftilitez commifes de la part
„ NB. de la France &c". avez-vous jamais ouï
dire qu'une Puiffance commette des Hoftilitez, fans qu'elle faffe la guerre ? Ayez la
bonté de confronter ces endroits de la Déclaration avec la defcription que *Grotius* &
d'autres nous donnent d'une guerre formelle,
& vous ne douterez plus qu'il y en ait une
entre les deux Puiffances en queftion.

III. La Cour de Ruffie ne dit nulle part,
qu'il n'y en a point entre elle & la France;
Elle dit feulement, que celle-ci a commis
des Hoftilitez ; c'eft-à-dire, commencé la
guerre, fans le préalable d'une Déclaration
de guerre, ufitée, dit elle à la fin du quatrieme Article, entre toutes les Nations, même les moins civilifées. &c. Elle y ajoûte,
avec une Moderation digne du cœur magnanime de l'Imperatrice, qu'Elle n'a jamais
donné occafion à un procedé fi extraordinaire, & que bien au contraire, dit-Elle, le commerce des Marchands, & fujets François a
eu

eu fon libre cours, fans aucun empêchement ou interruption, jufqu'à ce jour, dans
tous les Ports de la Ruffie.

IV. Il n'y a qu'un fens dans lequel il
femble qu'on puiffe dire que les Hoftilitez
en queftion ne fauroient être honorées du
nom de Guerre. C'eft en cas qu'on ne veuille appeller Guerres que celles que *Grotius* (*)
& *Puffendorf* (†) appellent Guerres folemnelles & qui felon eux ne fauroient avoir lieu,
fans une Clarigation ou Déclaration préalable. Mais quel nom donnerions-nous a-
lors aux Guerres qu'ils appellent, moins
folemnelles, c'eft-à-dire à une fuite d'Hoftilitez qui fe commettent fans cette formalité?

Si l'on s'en raporte aux Anciens Romains,
& à leurs Jurifconfultes, citez dans le *Droit
de la guerre & de la paix* de *Grotius*, les
Hoftilitez, qui fe font, fans être précedées
d'une Déclaration de guerre, ne femblent
meriter d'autres Titres que ceux de Pirate-
ries, de Brigandages &c. & les Romains ne
qualifioient pas ceux qui les commettoient
du nom d'Ennemis, mais de Voleurs, de
Brigants &c. *Hoftes funt qui nobis, aut quibus
nos publicè Bellum decernimus: Cœteri latrones
aut prædones funt* ; (‡) Les Ruffiens cependant ne s'en étant pas expliquez en termes

(*) *L. I. C.* 3. §. 4.
(†) *De jure Naturæ & Gentium. L.* 8. *C.* 6. §. 9.
(‡) *Grotius L.* 3. *C.* 3. §. 1.

mes fi odieux, ce n'eſt pas à moi à ren-
cherir ſur eux.

V. Il faut l'avouer ; leur Declaration ſi
meſurée fait autant d'honneur à leur Souve-
raine, & à ſon Miniſtère, que les Hoſtilitez qui en ſont l'objet, en font peu à la Cour
de France.

Les Souverains ſont les Maîtres de rele-
ver, & de reſſentir les torts que d'autres
leur font, ou d'en diſſimuler ou differer le
reſſentiment : L'exemple de *Charles Guſtave*
dont nous venons de parler en eſt une preuve. Il eſt vrai qu'il en eût peut-être uſé autrement s'il s'étoit crû aſſez de forces pour
réſiſter à plus d'Ennemis. Mais généralement parlant, ſoit politique, ſoit grandeur
d'Ame, il eſt prudent ; il eſt beau ; il eſt
grand, de ne rien précipiter en pareilles occaſions, ſur tout, quand on a la Juſtice,
& l'avantage de la querelle de ſon côté,
& qu'on ſe ſent en état de tirer vengeance
des outrages qu'on a reçûs. Mais cette diſ-
ſimulation, cette moderation, ne derogent
pas à la réalité de l'offenſe. Elles la ren-
dent, au contraire beaucoup plus grieve.

V I. Selon moi, la guerre en quelque ſens
qu'on la prenne, n'eſt autre choſe, que des
Hoſtilitez commiſes d'un côté & repouſſées
de l'autre, par des Puiſſances independantes.

Cette definition convient aſſez avec celle
que *Grotius* nous donne de la guerre, lorſqu'il dit (*) que c'eſt l'état de ceux qui tâ-
chent

(*) *L. I. C. I. §. 11.*
*Tom. I.*                    H

chent de vuider leurs differents par les voyes de la force (*Status per vim certantium*) & encore plus précisement avec celle de *Puffendorf* qui definit ainsi la guerre (*) *Bellum est status injurias violentas mutuò inferentium & propulsantium* &c. C'est-à-dire, selon la Verfion de *Barbeyrac* : la guerre est l'état où se trouvent ceux qui tour à tour se font du mal, & le repouffent de vive force, &c. Cela étant, une guerre cefferoit-elle d'être guerre, parce qu'une des parties Belligerantes se conduit avec plus de Sageffe, avec plus de Generofité, que l'autre ?

## CONCLUSION.

En verité, Monfieur, vous n'y penfez pas, quand vous entreprenez de me battre en breche par des pieces fi legeres. Quels Arguments croyez-vous pouvoir tirer de vos deux objeétions, quand même je n'aurois pas eu le mot à y repliquer ? Tout ce que vous euffiez pû en inferer ç'eut été, que *Charles Guftave* étoit en guerre avec les Hollandois, quand il menaça leurs Ambaffadeurs, & que les Ruffiens vivoient en paix avec la France quand, après la prife de Dantzig, ils ont traité le Marquis de *Monti* en prifonnier de guerre.

Je vous fais juge vous-même ( fupofé que

____

(*) *L. I. C. I. §. 8.*

que vous ayez eu la patience de lire toute ma Lettre du 26. Juillet) ſi les ſillogiſmes les plus concluants qu'on puiſſe former, de ces deux Theſes, renverſent aucune des raiſons par leſquelles j'ai prouvé, que le traitement que les Ruſſiens ont fait audit Marquis, n'eſt point contraire au Droit des Gens? Il n'eſt pas queſtion s'il y a guerre ou paix entre les deux Cours? Je vous accorde ſi vous voulez qu'elles vivent dans la liaiſon la plus étroite. Je vous accorderai même, s'il le faut, que les Hoſtilitez que l'Imperatrice de Ruſſie reproche à la France, ayent été des marques d'amitié. Il n'en ſera pas moins vrai, comme je crois l'avoir palpablement démontré, que les Ruſſiens en faiſant le Marquis priſonnier de guerre, n'ont nullement violé le Droit ſuſdit.

Vous n'avez pas attaqué, je le repete, l'endroit le plus fort de mon raiſonnement. Je ſerai aſſez franc pour vous indiquer celui que je crois le plus imprenable. C'eſt la règle que j'ai alleguée dans ma Lettre précedente, après le *Juge competent des Ambaſſadeurs* (*) après *Grotius* (†) & après tant d'autres, qui ont traité du Droit des Gens; ſavoir, que les Droits & Privileges des Ambaſſades n'ont lieu qu'entre le Prince qui envoye des Ambaſſadeurs, & celui à qui il les envoye & qui les a reçûs comme tels;

que

(*) *Ch.* 9. §. *VII.*
(†) *L.* 2. *C.* 18. §. *V.*

H 2

que ces Privileges n'ont lieu que fur les Terres de la Puiſſance auprès de laquelle ils
font envoyez, & que par tout ailleurs ils
peuvent être confiderez ( quoique la Politique, ou la Politeſſe de certaines Cours agiſ-
ſe quelquefois autrement ) comme de ſimples
ples particuliers. (*) Ce fut cette règle qui
ferma la bouche aux François, quand ils
reclamerent *Lanſac*, que *Coſme* avoit fait arrêter. Ce fut elle qui juſtifia le procedé
des Etats Généraux, envers le Baron de
*Goertz*. C'eſt-elle qui doit principalement
juſtifier les Ruſſiens & décider de nôtre diſpute préſente.

*Nam ſi quidem ad Hoſtes eunt ( ſc. legati )
aut ab Hoſtibus veniunt, aut alioqui Hoſtilia
moliuntur, interfici etiam poterunt. Grotius Lib.
2. cap.* 18.

(*) *V. Dans la Lettre précedente, la Reponſe à la Seconde Reflexion du Marquis de* Monti.

# REFLEXIONS

*D'un Gentilhomme François, sur la seconde Lettre d'un Gentilhomme Prussien, au sujet du Marquis de Monti.*

De B. 8. Août. 1734.

SAns entrer dans une Analyse de la Lettre ci-dessus alleguée, fort ample & très éloquente à la vérité, mais pas tout-à-fait concluante; il faut supposer nécessairement, pour bien juger du fait en question, ou qu'il y a actuellement une guerre entre la France & la Russie, ou qu'il n'y en a point.

S'il y en a, la Russie à tort d'arrêter les trois Bataillons François qui se trouvent à Petersbourg & de les vouloir échanger contre la Frégatte Russienne, dont les Vaisseaux de France se sont emparés. Les trois Bataillons François se sont rendus par capitulation, & on leur a promis de les laisser retourner en France, sans aucune condition, ou sans y parler de la Frégatte Russienne, quoique le Comte de *Munich* savoit déja, du tems de la Capitulation, qu'elle étoit prise, & quand il ne l'auroit point sû, il ne faudroit pas moins pour cela garder religieusement la parole donnée à un Ennemi: *Etiam hosti servanda fides.* Le Mémoire allegué dans la Let-

H 3

tre

tre fufdite, ne pourra point mettre, fi j'ofe le dire, la Cour de Ruffie à l'abri des reproches fur cet Article, puifque le fondement fur lequel elle s'apuye principalement, n'eft pas tout à fait ni fans exception ni fans exemple, & à moins qu'on ne veuille faire paffer les Suedois & les Anglois, pour des Nations les moins Civilifées, on ne peut pas dire qu'on ne commet point d'Acte d'Hoftilité, fans avoir préalablement déclaré la guerre. Tout le monde fait, & *Puffendorf*, Autheur fans reproche, en fait foy, que le Roi de Suéde *Charles Guftave*, entra en Pologne & commença la guerre, fans aucune Déclaration ou Manifefte préalable, & même dans un tems, que les Ambaffadeurs de Pologne étoient arrivez en Suede; & qui ignore que l'Amiral Anglois *Bings* attaqua & ruïna la Flotte Efpagnole près de Syracufe, fans qu'il y eût eu la moindre Declaration de guerre?

Mais s'il n'y a point de guerre entre la France & la Ruffie, comme on l'a declaré à Petersbourg verbalement, ainfi qu'on le fait de bonne part, de même que les proteftations d'égard & de confideration qu'on y a prôné avoir pour la France, on n'a pas eu le moindre droit d'arrêter le Marquis de *Monti* à Dantzig, qui a pû, & dû par ordre du Roi fon Maître refifter dans cette Ville, comme Miniftre accrédité auprès de la Republique de Pologne; tout comme Monfieur de *Rudenfchild* Miniftre de Suede y a été, & qu'on a laiffé aller librement,

quoi-

quoiqu'il étoit aussi peu accredité que Monsieur de *Monti* auprès de l'Imperatrice de Russie, & qu'il y avoit pour le moins autant d'Officiers Suédois, que de François dans la Ville Dantzig, pour la défendre vigoureusement contre les Assiégeans.

Les exemples de Monsieur de *Lansac* Ambassadeur de France, arrêté par *Cosme* au Siége de Sienne, & celui du Baron de *Goertz* mis aux arrêts à Arnheim, ne quadrent pas tout à fait au cas présent.

Monsieur de *Lansac* venoit, pour ainsi dire, affronter un Souverain dans son propre pays, en passant dans le grand Duché de Florence, pour se jetter dans Sienne, ville appartenante au grand Duc, & revoltée contre lui, malgré le serment de fidelité qu'elle lui avoit prêté.

Mais je ne sache pas, que Dantzig fût sous la Domination Russienne, ou Rebelle à cet Empire, dont elle ne dépend en aucune façon; & quoique par Droit de guerre il fût permis aux Russiens de faire à la Ville tout le mal dont ils étoient capables, cela devroit aussi peu s'étendre sur les personnes qui ne sont ni Sujets, ni dépendantes de cette Ville, que par la même raison, on n'a rien pû faire au Ministre de Suede & à tous les autres Ministres étrangers qui s'y sont trouvés lors du Siege & de la prise de la Ville. Et si on alegue l'exemple du Baron de *Goerz*, arrêté à Arnheim par ordre des Etats Généraux, on a oublié aparemment, 1. qu'il n'étoit accrédité auprès de personne



par-

particulierement & n'étoit par conséquent; regardé nulle part comme Miniſtre Public.

Voyez la Reſolution des Etats Généraux du 18. de May, l'an 1717.

2. Qui plus eſt, le Baron de *Goertz* étoit accuſé, de même que le Comte de *Gyllenburg* d'une conſpiration formelle contre la Perſonne & le Gouvernement du feu Roi d'Angleterre.

Voyez le Memoire de Monſieur de *Withworth* du 4 d'Août 1717.

Mais on ne ſçauroit dire du Marquis de *Monti*, qu'il n'ait été accrédité nulle part; tout le monde ſait qu'il a été Ambaſſadeur de France en Pologne, reconnu pour tel, même après la mort du Feu Roi de Pologne, par la Republique & par tous les Miniſtres étrangers qui ſe ſont trouvez à Varſovie; même ceux de Ruſſie, & de l'Empereur. On pourra encore moins reprocher à Monſieur de *Monti* de s'être rendu coupable d'une Conſpiration contre la Perſonne ſacrée de l'Imperatrice de Ruſſie. *Similia itaque allegata maximè claudicant in tertio comparationis.* &c.

TROI-

# TROISIEME LETTRE.

*D'un Gentilhomme Pruſſien, ſervant de Reponſe aux Reflexions du Gentilhomme François, ſur la Lettre précedente.*

A B. ce 4. Septembre 1734.

JE ſuis charmé, Monſieur, que vous veüillez bien enfin donner une forme plus reguliere à nôtre diſpute, en vous expliquant par écrit. Les Reflexions que vous venez de m'envoyer, ſont dignes de vôtre Curioſité, & de la prédilection que vous avez naturellement pour vos Opinions, quand il s'agit de les ſoutenir.

Mais ſi j'oſe vous le faire remarquer, ces Reflexions ſont toutes dans le goût de vos Objections précedentes. Elles ſemblent faites, comme elles, pour changer l'état de la queſtion, & pour me derouter, plûtôt que pour me combattre.

Vous ayant indiqué très-clairement ce me ſemble, ſur quels Principes j'ai bâti mon Siſtême, je pourrois regarder tout ce que la fertilité de vôtre eſprit vient de produire, comme entierement étranger à nôtre differend. Je pourrois, ſi je voulois couper court, vous repondre en deux mots, que je vous accorde toutes ces Savantes Reflexions, ſans rien rabattre de mes ſenti-

H 5                 mens

mens fur la queftion principale parce qu'elles ne les attaquent point. Mais comme vous debutez par taxer ma Lettre du 8. d'Août, de n'être pas tout à fait concluante, & que je ferois fâché que vous me foupçonnaffiez de ne pas penfer confequemment, vous voudrez bien agréer, Monfieur, que pour vous donner occafion d'en juger plus équitablement, je la reduife à un argument formel, en tant qu'elle concerne nôtre Queftion cardinale qui eft, fi les Ruffiens en traitant Monfieur le Marquis de *Monti* en prifonnier de Guerre, ont violé le Droit des Gens, ou non.

Il eft vrai que cette maniere de prouver la jufteffe d'un Raifonnement, fent un peu l'Ecole; mais qu'importe? C'eft la methode la plus fûre & la plus promte pour démontrer des Vérités; & je vais l'effayer, après avoir repeté, en peu de mots, l'Hiftoire de nôtre difpute, afin d'amener d'autant plus naturellement mon Sillogifme.

Il vous a plû foutenir l'affirmative de la Queftion fufdite, & vous l'avez d'abord apuïée, à l'imitation de nôtre Ami Courlandois, fur les Reflexions que le Marquis de *Monti* a trouvé à propos d'adreffer au Comte de *Munich*, & fur l'exemple des Ambaffadeurs Hollandois, raporté dans l'*Ambaffadeurs & fes Fonctions*, par *Wicquefort*.

De mon côté jai foutenu le contraire. J'ai tâché de vous perfuader, en vous communiquant ma Lettre du 26. Juillet à nôtre Ami, & je me flattai de vous avoir convaincû,

cû, auſſi bien que lui, qui me ſembloit l'ê-
tre; puiſqu'il ne me faiſoit pas l'honneur de
repliquer. Ce ne fut qu'au bout de pluſieurs
jours que vous m'apprites, Mr. qu'il ne l'é-
toit point, ni vous non plus.

Vous m'expoſates vos doutes, non ſur ce
que j'avois repondu à la Queſtion principale;
mais ſur certaines raiſons accidentelles, deſ-
quelles j'avois appuyé quelque Branche de
mon Raiſonnement & de ma Reponſe à celui de l'illuſtre Courlandois. Vous ſoûtintes;
1. Que l'exemple des Ambaſſadeurs Hollandois, malgré tout ce que j'avois avancé
pour ſoutenir le contraire, pouvoit être
mis en parallele avec celui du Marquis de
*Monti*. 2. Que l'Imperatrice de Ruſſie ayant
déclaré elle-même, diſiez vous, qu'il n'y a
pas de Guerre entr'elle & la France, j'a-
vois eu tort de ſupoſer le contraire, & de
tirer de cette ſuppoſition une eſpece d'Argument occaſionnel, pour mieux juſtifier
la conduite des Ruſſiens.

Ayant remarqué, qu'en me combattant
ainſi indirectement, vous changiez inſenſi-
blement l'état de la queſtion, j'ai crû vous
le devoir faire remarquer dans ma Lettre
du 8. d'Août. J'y ai repeté, après avoir
amplement repondu à vos deux Objections
d'alors, & après avoir montré qu'elles ne
font rien au fond de nôtre Diſpute; j'ai
repeté, dis-je, à la fin de la même Lettre,
l'Argument fondamental qui me ſemble
donner gain de cauſe aux Ruſſiens, & au-

quel

quel ni vous, ni nôtre Ami n'aviez pas touché.

J'ai crû jusqu'ici que pour rendre un raisonnement concluant, il suffisoit d'établir nettement & clairement la These qu'on soutient; & d'expliquer avec la même netteté, la raison sur laquelle elle est fondée. En effet, ayant exactement suivi cette Methode de raisonner, dans ma Lettre en question, je n'ai pas crû je l'avoue, que vous la trouveriez si peu concluante.

Relisez-en, s'il vous plait, les 3. periodes finales. Vous trouverez, qu'après avoir exactement satisfait, dans le corps de la Lettre, à toutes vos objections interlocutoires, j'y établis ma These, qui est que les Russiens, eu traitant le Marquis de *Monti* en prisonnier de Guerre, n'ont nullement violé le Droit des Gens; & que j'en donne immediatement après, comme j'avois déjà fait dans ma Lettre du 26. Juillet, la raison à mon avis, la plus forte qu'on en puisse donner, & à laquelle vous n'avez rien oposé jusqu'ici; savoir que les Privileges des Ambassades n'ont lieu, qu'entre le Prince qui envoye des Ambassadeurs, & celui à qui ils sont envoyés, &c.

Je vous demande, Monsieur, si vous trouvez qu'un raisonnement arrangé de cette façon là, merite d'être traité de peu concluant.

Que si vous le croyez néanmoins tel, il faudra que vous vous donniez la peine de prouver de deux choses l'une; ou 1. que

la

la Regle du Droit des Gens, fur laquelle j'ai fondé ma Thefe, eft fauffe; ou 2. qu'elle n'eft point applicable au cas dont il s'agit. Tout ce que vous m'objecterez d'ailleurs, toutes les Doctes Reflexions que vous ferez, avant que d'avoir renverfé cette bafe ; avant que d'avoir convaincu d'ignorance, ou de mauvaife foy, *Bynckershoek*, *Barbeyrac*, *Marfelaer*, *Grotius*, *Alberic Gentil*, *Zonch*, *Huber*, *Wicquefort* ; tous citez dans le *Juge competent des Ambaffadeurs*, que j'ai tant de fois allegué dans mes Lettres précedentes ; toutes les Reflexions dis-je que vous ferez fur ce fujet, ne prouveront autre chofe, fi non que vous même, malgré la belle Litterature que vous poffedez, vous ne raifonnez pas dialectiquement ; c'eft-à-dire d'une maniére tout à fait concluante.

Afin de vous faciliter les moyens, de me repondre méthodiquement, & de me reduire au filence ( fi vous vous croyez d'ailleurs en état de l'entreprendre) je renfermerai, comme je vous l'ai promis, le plus fort de mon raifonnement, dans un Argument formel. Il fera tout fimple, & par confequent très facile à refuter, fi par hazard il vous paroit auffi peu jufte, que la Conclufion de ma Lettre du 8. d'Août. Le voici ;

S'il eft vrai, comme il l'eft, que les Droits & Privileges des Ambaffadeurs n'ont lieu, qu'entre le Prince qui envoye des Ambaffades & ce-

lui

lui à qui ils font envoyez, & que par raport à tout autre, ils ne font que comme fimples particùliers; (*) il n'eft pas moins vrai, que les Puiffances auxquelles les Ambaffadeurs ne font pas envoyez, ne font dans aucune obligation de leur accorder les Privileges attachez d'ailleurs aux Ambaffades.

Or le Marquis de *Monti* n'eft pas envoyé à l'Imperatrice de Ruffie : donc l'Imperatrice n'eft dans aucune obligation de le faire jouïr de ces Privileges, & elle peut de bon droit le traiter comme un fimple particulier, c'eft-à-dire; elle le peut traitter, comme il aura d'ailleurs merité de l'être.

La Figure & la forme de ce Sillogifme étant fans défaut, vous conviendrez apparemment, Monfieur, ( fupofé que vous admettiez comme je n'en puis douter, la Regle fufmentionnée ) que mes deux Lettres précedentes, quoique vos Reflexions en difent, ne fauroient manquer d'être très concluantes.

Comme je vous ai d'ailleurs fait voir clairement, que le détail de vos Reflexions ne fait rien au principal de nôtre difpute, je pourrois borner ma préfente Reponfe à ce que je viens de vous expofer; mais me voyant accufé encore dans cette piece, d'avoir allegué des chofes qui ne quadrent pas tout à fait, dites-vous, au cas préfent, & qui *maxime claudicant in tertio comparationis*, vous m'enga-

* *Voy. ma Lettre du 26. Juillet.*

gagez, pour ainſi dire malgré moi, à faire un nouvel effort, pour examiner qui de vous au de moi a le plus eſtropié les *tertia comparationis* des exemples que nous avons citez, de part & d'autre.

Je ne m'arrêterai pas au dilemme que vous avez ſi ſoigneuſement formé, à l'occaſion de la queſtion, s'il y a Guerre, ou non entre la Ruſſie & la France? Il ſeroit excellent, s'il s'agiſſoit d'en décider. Je vous ai averti plus d'une fois; mais ſur-tout dans ma Lettre du 8. d'Août; que cette queſtion ne fait rien à celle que nous agitons principalement, & je ne puis que me rapporter à ce que j'en ai dit.

Je toucherai encore moins à une autre queſtion tout à fait nouvelle, beaucoup plus étrangere encore à nôtre Diſpute, & que vous ne mettez apparemment ſur le Tapis, auſſi bien que tout le reſte, que pour me donner le change. J'entends celle, ſi l'Imperatrice de Ruſſie eſt en Droit d'arrêter les trois Bataillons François, pour les échanger contre la Frégatte enlevée par les Vaiſſeaux de France, lorſque la Capitulation que le Comte de *Munich* leur a accordée ne fait aucune mention d'un tel échange?

Je ſuis perſuadé que cette Imperatrice, dont la conduite eſt toûjours marquée au Coin de la Juſtice & de la Magnanimité, aura, ſans que je m'en mêle, aſſez de bonnes raiſons à-dire, quand il s'agira de deſabuſer ceux qui ſemblent douter à cette occaſion, de ſon équité & de ſa bonne foi.
Mais

Mais je ne puis m'empêcher d'éclairer d'un peu plus près, ce que vous appellez le *tertium comparationis* de l'exemple de Monsieur de *Rudenschild*, qui a été, tout comme le Marquis de *Monti*, ditez-vous, dans la Ville assiegée, & que les Russiens ont laissé en Liberté, quoiqu'il ait été aussi peu accrédité auprès de l'Imperatrice de Russie, que le Marquis ; & quoiqu'il y ait eu pour le moins autant d'Officiers Suédois que de François à Dantzig.

Je ne le puis cependant, avant que de vous avoir donné à considerer, 1. Que l'Article de la Declaration Russienne, qui semble vous avoir scandalisé, (j'entends celui, où il est dit, que les Déclarations de Guerre sont usitées parmi les Nations les moins civilisées) ne merite nullement vôtre censure. L'Imperatrice de Russie & son conseil sont trop bien instruits de ce qui se pratique dans le monde, pour ignorer que la Regle qu'ils semblent soutenir dans leurs Déclarations n'est, comme vous dites très bien, ni sans exceptions, ni sans exemples contraires Ils n'ont garde de ne pas compter les Nations que vous nommez, & les François eux mêmes, parmi les Nations du Monde les plus civilisées : Mais ils savent aussi la distinction, qu'il faut faire, entre une Guerre Solemnelle, & moins Solemnelle (*) & je suis persuadé, que c'est de la premiere de ces deux

sortes

* *Voy. ma Lettre du 2. Août & les Citations.*

sortes de Guerres qu'ils ont voulu parler, en disant que la France a commis des Hostilitez contre les Russiens, sans une Déclaration préalable, usitée disent-ils, parmi les Nations les moins civilisées. Ce qu'il y a de certain c'est que, selon les Regles du Droit des Gens & de celui de la Nature, toute guerre formelle devroit être précedée (*) d'une Déclaration; mais selon les circonstances du tems, les Nations les plus civilisées font quelquefois des choses oposées aux Regles ordinaires. Les François, par exemple, ce Peuple si civilisé quelles cruautés, quelles Barbaries n'exercent-ils pas actuellement dans les endroits qu'ils ont inondés en Allemagne? Auroit-on tort de dire, qu'ils en commettent que les Nations les moins civilisées ne commettroient point?

II. Je ne vous dispute pas qu'une Guerre commencée sans Déclaration soit sans exemples. Et comment le disputerai je? Ceux que les Histoires anciennes & modernes nous fournissent, sont en trop grand nombre, & trop connus, pour être ignorés de personne, & celui même que la France vient de nous donner tout recemment durant le Siege de Dantzig ne permet pas d'en douter. Mais ces exemples étant tous contraires à la Regle, n'empêchent pas que les Russiens n'ayent raison de dire, qu'ils ont été surpris par des Hostilitez auxquelles ils ne s'étoient pas attendus, & que ces Hostilitez sont oposées à l'usage

* *V. La même Lettre & les Auteurs qui y sont citez.*

l'ufage ordinaire des Nations, même les moins civilifées.

III. Je ne fai ce qu'on peut avoir dit, ou déclaré verbalement à Petersbourg; ni fi en Ruffie une Déclaration verbale, comme vous femblez le fuppofer, eft plus authentique, qu'un Document de la Chancellerie, mais quand cela feroit, quand je vous accorderois, qu'il n'y a pas de Guerre entre la Ruffie & la France, quand la premiere feroit affez complaifante pour regarder l'enlevement de fes Vaiffeaux, l'attaque de fes retranchemens &c. comme des marques de la paix la plus profonde, il ne s'enfuivra pas delà, qu'elle ait eu tort d'arrêter, après la reddition d'une Ville affiegée, un homme qu'elle n'étoit dans aucune obligation de traiter en Ambaffadeur, parce qu'il n'étoit pas envoyé auprès d'elle; un homme dont le caractère Public étoit expiré, en Pologne même, dès l'Election, & le Couronnement d'*Augufte III.*; un homme qui n'étoit réellement accredité, en dernier lieu qu'auprès de *Staniflas* & auprès de fes Adherens; un homme qui s'étoit déclaré lui même, dès fon féjour à Varfovie, Miniftre Plenipotentiaire de ce même *Staniflas*, que les Ruffiens tenoient affiegé depuis 5. Mois comme Ufurpateur d'une Couronne alliée, & comme leur Ennemi déclaré; un homme qui avoit foutenu, avec lui le Siége de Dantzig; un homme qui y refidoit de la part d'une Puiffance qui avoit rompu avec l'Empereur, parceque les Troupes Ruffiennes étoient

toient entrées en Pologne, (*) qui avoit remué & remuë encore ciel & terre pour déterminer la Suéde, & d'autres Puiſſances, à
faire la Guerre à la Ruſſie, & qui venoit de
commettre elle-même des Hoſtilitez ouvertes contre la Flotte & les Troupes Ruſſiennes ; un homme qui s'étoit arrogé le commandement de la Place aſſiegée, & des Troupes envoyées pour la ſecourir ; un homme
en un mot, qui s'étoit comporté en tout &
par tout, comme un Général Ennemi.

Souvenez-vous, s'il vous plait, de tout,
ce que j'ai dit ſur ce ſujet dans mes deux
Lettres précedentes ; de ce que Monſieur le
Comte de *Munich* en a dit dans ſes Reponſes aux Reflexions du Marquis de *Monti* ; &
de ce qu'en dit certain Savant fameux, dans
l'Imprimé que je vous ai communiqué, &
vous conviendrez ( je me le promets de vôtre équité, & de vos lumieres ) qu'en cette
occaſion il n'y a rien à reprocher aux Ruſſiens. En tout cas, & ſi vous n'en convenez pas, je vous prie encore une fois de ne
me pas fruſtrer plus longtems de vos raiſons,
mais de refuter directement & formellement
les Faits, les Principes & les Argumens qu'on
vous opoſe. Il y va de vôtre honneur de
m'accorder cette faveur, parceque ſi vous y
manquiez, vous vous feriez ſoupçonner de
Prévention ou de Caprice.

Je

* *Voy. tous les Manifeſtes & autres Ecrits pareils puliés par la France & par ſes Alliés.*

Je viens à la comparaison que vous faites de Monſieur de *Rudenſchild* Miniſtre de Suede & de Monſieur le Marquis de *Monti.* Vous dites qu'on a laiſſé aller librement le Miniſtre Suedois, quoiqu'il fût auſſi peu accrédité que Monſieur de *Monti*, auprès de l'Imperatrice de Ruſſie, & quoiqu'il y eût, pour le moins, autant d'Officiers Suedois, que de François dans la Ville de Dantzig pour la défendre vigoureuſement contre les Aſſiegeans.

C'eſt à cette occaſion que je pourrois à mou tour, me ſervir des paroles finales de vos Reflexions; *ſimilia ita allegata maximè claudicant in tertio Comparationis.* Mr. *Rudenſchild* eſt Miniſtre d'une Puiſſance notoirement Amie de la Ruſſie; il ne s'eſt mêlé d'aucune Hoſtilité contre les Aſſiégeans; il lui étoit expreſſement défendu par le Roi ſon Maître, de montrer de la partialité; la Cour de Suede avoit aſſuré plus d'une fois celle de Ruſſie qu'elle ne prendroit aucune part à la Guerre; elle avoit déclaré, qui plus eſt, que les Officiers qui ſe trouvoient à Dantzig, y étoient paſſés ſans ordre, & qu'ils en repondroient après leur retour, &c.

Toutes ces circonſtances ne ſauroient vous être plus inconnuës qu'à moi, & il n'y a qu'à les comparer à celles que vous avez trouvées ci-deſſus & dans mes Lettres précedentes, touchant le Marquis de *Monti*, pour juger du peu de raport qu'il y a entr'elles.

Je vous dirai bien plus, on auroit tort de chercher dans le Droit des Gens la raiſon,

pour-

pourquoi les Ruſſiens ont laiſſé en liberté, & *Rudenſchild* & tous les autres Miniſtres é- trangers, qui étoient à Dantzig, tandis qu'ils traitent le Marquis de *Monti* en Priſonnier de Guerre. Ce Droit (comme je l'ai dit tant de fois) ne les oblige à rien envers des Miniſtres, qui ne ſont pas accrédités auprès d'eux. La raiſon pourquoi ils agiſſent ſi dif- feremment à leur égard, ne peut ſe cher- cher que dans les Regles de la bonne ou mauvaiſe intelligence, dans laquelle l'Impe- ratrice de Ruſſie vit avec les Cours reſpecti- ves de ces Miniſtres. *Grotius* eſt fort poſi- tif là-deſſus dans ſon Droit de la Guerre & de la Paix, lorſqu'il s'en explique ainſi: (*) *Si male tractentur legati, (ſc. à principe ad quem miſſi non ſunt) non iſtud jus gentium de quo agimus, ſed amicitia & dignitas, aut ejus qui miſit, aut ejus ad quem eunt, violata cen- ſebitur,* c'eſt-à-dire; ſi des Ambaſſadeurs ſont maltraités (ſavoir, par un Prince auquel ils ne ſont pas envoyés) ce n'eſt pas violer ce Droit des Gens, dont nous traitons, mais c'eſt violer l'amitié & la dignité de ce- lui qui les envoye, ou de celui à qui ils ſont envoyés.

Que le Marquis ait été accrédité jadis, auprès de la Republique de Pologne; qu'il ait été reçû & reconnu, en qualité d'Am- baſſadeur avant & après le Decez d'*Auguſte II.*, tant par la Republique que par tous les

Mi-

_________

* *L.* 2. *Cap.* 18. §. 5.

I 3

Miniſtres étrangers; qu'il ſe ſoit trouvé à Dantzig, par ordre de ſon Maître, ou ſans ordre, tout cela ne fait rien à l'affaire, & j'y ai amplement repondu dans mes Lettres précedentes, auxquelles je prens la liberté de vous renvoyer. Il faut qu'il produiſe ſes Lettres de créance. Ce ſont elles, comme il a été remarqué ailleurs, (*) qui doivent décider, à qui il eſt envoyé, & qui eſt dans l'obligation, de le faire jouïr de la protection du Droit des Gens.

Je viens au peu de reſſemblance que vous trouvez, Monſieur, entre les exemples de *Lanſac*, du Baron de *Goertz*, & du Marquis de *Monti*.

Vous n'avez pas apparemment daigné remarquer la comparaiſon que j'ai fait du premier au dernier, dans ma Lettre du 26. Juillet. Il ſeroit impoſſible que le parallele de ces deux exemples ne vous eût parû très juſte, ſi vous l'aviez crû digne de vôtre attention. Il n'eſt pas queſtion ſi la Ville de Sienne appartenoit au grand Duc, ni ſi Dantzig appartient aux Ruſſiens. Tout le monde ſait ce qui en eſt; mais il s'agit de ſavoir ſi ceux qui avoient aſſiegé ces Villes, ſoit qu'elles fuſſent libres ou dépendantes, ont agi contre le Droit des Gens, en arrêtant d'un côté, *Lanſac* qui vouloit ſe jetter dans Sienne; & de l'autre côté, le Marquis de

*Monti*

* *Voy. Dans ma Lettre du 26. Juillet la Replique à la Seconde Reflexion du Marquis de Monti. No. 3.*

*Monti* qui avoit été durant tout le Siége à Dantzig & qui avoit fait tout le mal poſſible aux Aſſiégeans , & au parti qu'ils ſoûtenoient.

Quant au Baron de *Goertz* , j'en ai allegué l'exemple, après le *Juge competent des Ambaſſadeurs*, qui le rapporte (*) & qui dit poſitivement que la ſeule raiſon que les Etats Généraux alleguerent pour juſtifier l'arrêt de ce Miniſtre, ce fut qu'il ne leur avoit point préſenté de Lettres de créance. Vous me permettrez d'ajouter là-deſſus plus de foi aux Auteurs de ce Traité, qui ont été pour ainſi dire, temoins oculaires de la Scéne du Baron de *Goertz*, qu'à vous Monſieur, qui n'en parlez aparemment que par ouï dire, ou après *Lamberti* , dont l'Authorité & l'exactitude ne ſont pas encore ſi bien établies que celles de *Bynckerskoek* & de *Barbeyrac*, qui ont écrit, pour ainſi dire, ſous les yeux & par ordre de leur Souverain. (†)

Vous avez beau dire que *Goertz* étoit accuſé d'avoir conſpiré contre la perſonne & contre le Gouvernement du feu Roi d'Angleterre. *Barbeyrac* dit bien plus , dans ſes remarques ſur le *Juge competent des Ambaſſadeurs*: Il parle de cette Conſpiration comme d'un fait averé.  Il dit poſitivement , que *Goertz* avoit tramé une Conſpiration :

mais

---

* *Ch. IX. §. 7.*
† *Voy. la préface du Juge Competent.*

mais il ne dit pas que cette Conspiration qui ne regardoit pas les Provinces Unies, avoit mis Leurs Hautes Puissances en Droit d'arrêter ce Ministre; Il est dit seulement dans le texte du *Juge competent*, comme je l'ai déjà remarqué que la seule raison qu'Elles alleguerent, ce fut que ce Baron ne leur avoit pas présenté des Lettres de Creance; & *Bynckershoek* avoit expressement rapporté cet exemple, comme une preuve incontestable, que les Privileges des Ambassadeurs n'ont lieu que sur les Terres de la Puissance, auprès de laquelle ils sont envoyés.

J'allois finir en cet endroit, quand le Hazard m'a procuré une Piéce, à laquelle apparemment vous ne vous attendiez pas, Monsieur, & qui renverse tout à coup le cheval de Bataille de vos Reflexions. C'est un Recueil de quelques ordres donnés par Monsieur le Marquis de *Monti*, à Monsieur de la *Motte* de *Peirouse* Commandant des trois Bataillons François, avec les Reponses que celui-ci y a faites.

Le contenu suffira apparemment, pour vous faire toucher au doigt que le Marquis de *Monti* s'est conduit durant le Siege de Dantzig, non en Ministre, mais en Général d'Armée & que par conséquent les Russiens, n'eussent-ils même que cette raison là à alleguer contre lui, étoieht en Droit, suivant les Regles de la Guerre, de l'arrêter après la prise de Dantzig.

Je vous prie cependant de regarder cette
Piéce

* *Voy. ci-dessus. pag.* 37. (P. C.) & *suiv.*

Piéce juſtificative comme je regarde vos Reflexions ; c'eſt-à-dire, comme une eſpece de
hors d'œuvre, qui dans le fond n'a rien de
commun avec le ſujet principal de nôtre
Diſpute, dont l'objet conſiſte uniquement
(je le repete encore une fois) dans cette queſtion ; ſi les Ruſſiens agiſſent contre
les Regles du Droit des Gens, en traitant
le Marquis de *Monti* comme priſonnier de
Guerre ?

Il ſeroit inutile de vous rappeller les raiſons qui me portent à ſoutenir la Négative,
ſans avoir beſoin de ce nouveau motif. Ce
que je viens de vous expoſer dans cette Lettre me paroit ſi clair & ſi démonſtratif que
j'oſe vous croire perſuadé comme moi, quelque peine que vous ſembliez avoir d'en convenir ; qu'il n'y a rien à redire contre la
conduite que la Cour de Ruſſie a tenuë,
à l'égard de ce Miniſtre. Je me flatte même d'avoir plus fait que je n'étois obligé
de faire. Je crois avoir amplement ſatisfait,
tant dans cette Lettre-ci, que dans les deux
précedentes, à toutes vos Objections, quelques étrangeres qu'elles fuſſent à nôtre Diſpute.

J'ai par exemple palpablement demontré
dans les deux premieres que l'exemple des
Ambaſſadeurs Hollandois, ſoit qu'on en juge
ſelon le raport vicieux de *Wicquefort*, ou ſelon l'Hiſtoire de *Puffendorf*; ne ſauroit être
mis en parallele avec celui du Marquis de
*Monti*.

J'ai refuté dans la premiere, tous les Ar-
I 5 ticles

ticles des Reflexions du Marquis de *Monti* & j'ai montré qu'il n'en a fait aucune qui prouve ce qu'il prétend prouver.

J'ai expliqué dans ma Seconde Lettre la Déclaration que la Cour de Ruſſie a donnée au Brigadier *la Motte* de *Peirouſe*, & je vous ai fait voir qu'elle ne contient nullement ce que vous croyez y avoir trouvé.

Je vous ai montré ci-deſſus, que la comparaiſon que j'avois faite entre l'exemple de *Lanſac* & celui du Marquis de *Monti*, eſt très juſte; que l'Argument que j'avois tiré, après le *Juge competent des Ambaſſadeurs*, de l'arrêt du Baron de *Goertz*, eſt ſans défaut; qu'en échange, l'exemple de *Rudenſchild* Miniſtre Suedois à Dantzig ne ſauroit être mis en parallele avec celui dudit Marquis, & qu'il n'en faut pas chercher la raiſon dans le Droit des Gens.

Je vous ai fait toucher au doigt en plus d'un endroit, que ce même Droit ne ſauroit proteger un Miniſtre Public, à l'égard des Puiſſances auxquelles il n'eſt pas envoyé.

Je n'ai rien avancé, dont je n'aye des preuves, à mon avis inconteſtables, ſoit par leur évidence naturelle ſoit par l'autorité des Auteurs que j'ai allegués.

Enfin, Monſieur, j'ai tâché de rendre mes raiſonnemens auſſi clairs, & auſſi concluants qu'il m'a été poſſible, & j'ai même aſſez bonne opinion & de vous & de moi, pour être perſuadé, que vous les trouverez tels. Je ſuis preſque ſûr de vous avoir

voir convaincû ; que la tête & la queüe de vos Reflexions, où vous avez paru en douter, ne font que des effets de vôtre vivacité naturelle, & d'une efpece de prévention, qui nous empêche fouvent, de faire attention à ce qui peut combattre nos Opinions, lorfque nous les croyons invincibles.

Il fe peut cependant que ce foit un refte d'amour propre, défaut banal du genre humain, qui me falfe penfer ainfi. Quelques foins qu'on prenne d'être en garde contre fes feduétions vous favez, Monfieur, qu'il y auroit de la folie à s'en croire entiérement exempt, & que nous en fommes tout atteints, les uns plus les autres moins.

Il nous éblouït fouvent, fans que nous nous en appercevions. C'eft pourquoi fi vous trouvez que je me fois trompé en ce que j'ai eu l'honneur de vous dire, je me promets de vôtre Amitié que vous voudrez bien vous donner la peine de me reétifier. Je vous prie, pour la troifiéme fois, de n'y point manquer. Mais je vous prie en même tems, de m'indiquer précifément les endroits où je pourrois avoir bronché, & les raifons qui pourront me convaincre d'erreur. Vous verrez en ce cas là que fi j'ai eu affez d'amour propre, pour foûtenir jufqu'ici des idées fauffes, je n'en ai pas affez pour être incorrigible. Je m'attends à la pareille de vôtre part.

Il

Il y a plus d'honneur, croyez-moi, à avouer ſa défaite, qu'à s'obſtiner à combattre par de mauvaiſes raiſons.

*Cur neſcire, pudens pravè, quam diſcere*
*mallem ?*
Horat.

Uoique les trois Lettres qu'on vient de lire ne puiſſent pas être abſolument reputées pour Piéces authentiques, on peut neanmoins aſſûrer qu'elles ont été aprouvées par les Cours en faveur de qui elles ſont écrites.

# CONCLUSION

## De cette I. Partie du Tom. I.

Voila les principales Piéces qui ont été produites jusques ici au sujet de l'Arrêt du Marquis de Monti & de la Detention des trois Bataillons François en Russie : Peut-être même n'en paroîtra-t-il pas davantage sur le même sujet, puisque Sa Majesté Imperiale de toutes les Russies a déjà jugé à propos de renvoyer à Copenhague les Troupes Françoises, à l'exception de quelques centaines de Malades; après avoir donné à tous, depuis le Commandant, jusqu'au moindre des Soldats, des marques réelles de sa Magnanimité, & même d'une Bonté paternelle : D'où l'on a tout lieu de conjecturer que cette Grande Princesse consentira bien-tôt aussi à l'élargissement du Marquis de Monti, detenu à Thorn; d'autant plus que Mr. de Lestang, envoyé par la Cour de France à celle de Russie, sollicite fortement pour obtenir la liberté de cet Illustre Prisonnier; & fait même à cette occa-

sion

*fion des Propofitions capables de rétablir l'Amitié & la bonne Harmonie entre ces deux Cours, & la tranquilité dans tout le Nord.*

*Mais quand l'importante Affaire du Marquis de Monti feroit entiérement terminée, le petit Recueil qu'on prefente à ce fujet au Public n'en perdroit rien de fon mérite. Ce font toujours autant de Materiaux pour fervir à l'Hiftoire de nôtre tems, & de Memoires autentiques propres à éclaircir plufieurs points effentiels du Droit des Gens; Droit qui ne fauroit jamais être trop fcrupuleufement difcuté, puifqu'il regarde non feulement les Souverains & ceux qui les reprefentent; mais encore toutes les Nations & tous les Peuples.*

*La feconde Partie de ce premier Tome contiendra des Piéces fur une Matiére beaucoup plus étenduë, plus fertile, & peut-être de plus de durée que celle dont on vient de parler. Le nombre de ces Piéces qu'on a colligées eft déja fi grand qu'on fera obligé d'en retrancher plufieurs; & de ne publier que celles qui paroîtront les plus intéreffantes & les plus authentiques. On promet encore une fois de les don-*

donner indistinctement telles qu'on les
aura reçuës, soit pour, soit contre chacune des Parties en Guerre, ou en litige ; & de ne faire jamais paroître la
moindre partialité plûtôt pour l'une que
pour l'autre de ces Parties, afin de n'en
mécontenter aucune, s'il se peut.

## F I N.

# CATALOGUE

## DES

## LIVRES NOUVEAUX

*Qui se trouvent*

Chez

## FRANÇOIS CHANGUION,

*Libraire à Amsterdam.*

### A

ARrets (Les) d'Amours avec L'Amant rendu Cordelier, à L'observance d'Amours. Par *Martial d'Auvergne dit de Paris*, Procureur au Parlement. Accompagnez des Commentaires Juridiques & Joyeux de *Benoit de Court*, Juris consulte. *Derniere Edit:* revuë corrigée & augmentée de plusieurs Arrets, de Notes & d'un Glossaire des Anciens Termes 12. Amst. 1734.

Art de se connoitre soi-même, *par Abbadie.* 12. sous presse.

—— de monter a Cheval ou Description du Manege moderne par *le Baron d'Eisenberg* fol. 1733.

Apologie des Betes par Mr. de Beaumont 8. Paris 1732.

Avantures choisies, contenant l'Amour innocent persecuté, l'Esprit folet, le

A           Cœur

Cœur volant &c. 12. *avec fig.* 1732.

Avantures de Thelmaque par Mr. L'archevêque de Cambray fol. *avec figures.*

—— —— les mêmes 4. *avec fig.* 1733.

—— de Robert Chevalier dit de Beauchene par M. le Sage 12. *avec fig.* 1733.

—— de Clamadés & de Clarmonde 12. 1733.

—— Paſtorales de Daphnis & Chloè. *Ecrites en Grec par Longus*, & Traduites en François par Amiot. 12. 1734. *Nouvelle Edition: avec figures.*

Alcoran des Cordeliers, c'eſt-à-dire Recueil des plus notables Bourdes & Blaſphemes de ceux qui ont oſé comparer S. François a J. Chriſt. 12. 2. vol. *avec figures graves par B. Picart.* 1734.

Alciphron ou le petit Philoſophe. 2. vol. 1734.

Abregé Chronologique & Hiſtorique de L'origine, du Progrès & de l'Etat actuel de la Maiſon du Roi & de toutes les Troupes de France par Mr. de Neufville 1734. 4. tom. I. la ſuite ſous preſſe.

Aſtrée de Mr. d'Urfé, partorale allegorique avec la Clef. 12. 10. vol. 1733.

### B.

BOmbardier (Le) François ou Nouvelle Methode de jetter les Bombes avec preciſion par Mr. Bellidor 4. *avec fig.* 1734.

Bibliotheque d'un honnet Homme par Steele, pour ſervir de ſuite a la Bibliotheque des Dames 12. —— ſous Preſſe.

Cent

# CATALOGUE

## C

CEnt nouvelles nouvelles par Mad. de
Gomez. 12. 4. vol.

Caſſandre. 12. 10. vol. 1733.

Conſiderations ſur les Cauſes de la Grandeur des Romains & de leur Decadence
par L'auteur des Lettres perſannes. 8.
1734.

Conjuration de Nicolas Gabrini dit de
Rienſi ouvrage poſthume, par le P. du
Cerceau 12. 1734.

Cuiſinier Royal & Bourgeois, avec un Traité des Liqueurs. 12. 3. vol. *avec fig.* 1734.

Conſtances des Promptes Amours. 12. 2.
vol. 1733.

Critique de la Bibliotheque des Auteurs
Eccleſiaſtiques d'Elie Dupin par Richard
Simon. 8. 4. vol. 1732.

## D

DRoit de la Nature & des Gens par
Puffendorf avec les nôtes de Mr.
Barbeyrac 4. 2. vol. 1734.

Devoirs de l'Homme & du Citoyen par
Puffendorf traduits par Mr. Barbeyrac.
N. Ed. augmentée. 8. 1735.

Dictionaire François Eſpagnol & Eſpagnol
François par Sobrino. 4. 2. vol. 1735.

—— Comique, Satyrique, Critique, Bur-
leſque, libre & proverbial par P. J. Le
Roux. 8. 2. vol. 1735.

—— Oeconomique de Chomel. fol. 2.
vol. *avec fig.* 1734.



Ele-

# DES LIVRES

## E

**E**Lemens de Mathematique par feu Mr. de Varignon. 4. 1734.

Essay sur les Erreurs populaires traduit de l'Anglois de Brown. 12. 2. vol. 1733.

———— ———— de *Théodicée* sur la Bonté de Dieu, la Liberté de l'Homme & l'Origine du Mal; par Mr. *Leibnitz*. N. Edit. *augmentée* de la *Vie de l'Auteur*, d'un *Catalogue* Général de tous ses Ouvrages & d'une *Table de Matieres* 12. 2. vol. 1734.

Entretiens Historique & Critiques sur diverses Matieres de l'Ecriture sacrée par Mr. la Brune 8. 2. vol. 1733.

Exposition de la Doctrine Orthodoxe sur le Mystere de la Trinité, avec un Court Examen du Nouveau Systeme de Mr. Mati. 8. 1734.

Examen du Pirhonisme ancien & moderne par Mr. de Crousaz. fol. 1733.

## H

**H**Istoire des Anciennes Monarchies par Rollin. 12. 7. vol. 1735.

———— Romaine, depuis la fondation de Rome par les P. P. Catrou & Rouillé 4. 17. vol.

———— ———— *la même* 12. 20. vollumes.

———— ———— Critique de l'Etablissement de la Monarchie Françoise &c. par Mr. *l'Abbé de Bos*. 4. 3. vol. 1734.

———— ———— Naturelle, Civile & Ecclesiastique de l'Empire du Japon: *composée par E. Kæmpfer & traduite en François*. Ouvrage enrichi de quantité de cartes geographique & de Figures en Taille-Douce. fol. 2. vol. ———— La

—— —— La même. fol. 2 vol. en Grand Papier.

—— de Pologne sous le Regne d'Auguste II. par l'Abbé de Parthenay. 8. 4 vol. 1734.

—— —— la même par Mr. Massuet. 8. 5 vol. 1734.

—— —— de Charles XII. Roi de Suede P. Voltaire. 8. 2 vol. 1734.

—— du XII. Siecle par Mr. Durand. 12. 4 vol. 1734.

—— des 7 sages par Larrey. 12. 4 vol. 1733.

—— des Revolutions d'Espagne par le P. d'Orleans. 4. 3 vol. 1734.

—— d'Osman I. du Nom. XIX. Empereur des Turcs &c. par Mad. de Gomez. 2 vo l. 12.

—— critique des Journeaux par Mr. C***. 12. 2 vol. 1734

Histoire d'Estevanille Gonzalez, surnommé le Garçon de bonne humeur, par Mr. le Sage 12. —— 1734.

—— Critique de Manichée & du Manicheisme par Mr. Beausobre. 4. 1734.

—— Macaronique de Merlin Coccaye Prototype de Rabelais avec l'horrible Battailles des Mouches & des Fourmis. 12. 2 vol. 1734.

—— des Empires & des Republiques depuis le deluge jusqu'à Jesus-Christ. 12. 4 vol. 1734.

—— du Theatre François depuis son Origine jusqu'a present. 8. tom. I. 1735.

—— des Empereurs & Memoires Ecclesiasti-

# DES LIVRES

ſiaſtiques par le Sr. de Tillemont. fol.
15 vol. 1733.

## I

**I**Mitation de Jeſus-Chriſt, *Traduction Nouvelle*, par le Sieur de Beüil, Prieur de Saint Val. 24. Paris. 1714.

—— —— *Traduite & revuë*, par M. L. du Freſnoy, D. de S ſur l'ancien Original François, d'ou l'on a tiré un chapitre, qui manque dans les autres Editions. Avec l'Ordinaire de la Ste. Meſſe. 18. Paris. 1731. Très belle Edit.

Interets preſens des Puiſſances de l'Europe par Mr. Rouſſet. 4. 2 vol. 1734.

—— idem 4. tom. III. 1735.

## L

**L**Ettres écrites de Londres ſur les Anglois par Mr. de Voltaire. 8. 1734.

—— Philoſophiques de V***. 8. 1734.

—— & Memoires écrits par Mr. *l'Abbé de Montgon*, concernant les Negociations dont il a été chargé. 12.

—— de Henry IV Roi de France & de Mrs. Villeroy & de Puiſieux, à *Mr. Antoine le Fevre de la Boderie*. 8. 2 vol. 1733.

Les Provinciales *ou* Lettres écrites par Louïs de Montalte, a un Provincial de ſes Amis & aux RR. PP. Jeſuites ſur la Morale & la Politique de ces Peres. Avec les Notes de G. Wendrock, *Nouvelle Edition*. 8. 3 vol. 1734.

## M

**M**Emoires pour ſervir à l'Hiſtoire d'Angleterre par Mr. Burnet 4. IV. vol. 1735.

—— du

# CATALOGUE

Memoires du Duc de Villars, Pair de France Marêchal des Armées de S. M. T. C. 12. 1734.

—— de Mr. *le Baron de Pölnitz*, qui contienent quantité d'Anecdotes, & une Relation tres curieuse de toutes les Cours de l'Europe *Nouv: Edition* considerablement augmentée; on y a joint un Etat de la Cour de Saxe sous le Regne d'Auguste III. Roi de Pologne & Electeur de Saxe par le même Auteur. 12. 4 vol. 1735.

—— pour servir a l'Histoire du XVIII. Siecle contenant les Negociations Traitez Resolutions & autres affaires d'Etat par Mr. Lamberty. 4. 12 vol.

Monumens de la Monarchie Françoise par D. B. de Montfaucon. fol. 5 vol.

—— —— les mêmes en Grand Papier.

Mille & une heure, contes Peruviens. 12. 2 vol. 1733.

## N

Nouveau Theatre Italien, ou Recueil Général des Comedies, 12. 8 vol.

Nouveau Testament ou la Nouvelle Alliance de nôtre Seigneur. J. Christ. Nouvelle Edition, revuë & corrigée. 8. 1735.

## O

OEuvres diverses de Mr. Rousseau. *Nouvelle Edition, considerablement augmentée par l'Auteur*, 12. 5 vol. 1734.

—— diverses de M. de Fontenelle, de l'Accademie Françoise *Nouvelle Edition. Augmentée & enrichie de Figures gravées par Bernard Picart le Romain.* fol 3 vol.

—— de Clement Marot Valet de Chambre



bre

bre de François I. Roi de France, avec les Oeuvres de J. Marot son Pere, & de Michel Marot son Fils. *Accompagné d'une Preface Historique & d'Observations Critiques.* 4. 4 vol. 1731. Ed. Ornée de Cadres au tour des Pages. & sur du Papier Imperial.

## P

P Ausanias ou Voyage Historique de la Grece traduit en François avec des Remarques, par Mr. l'Abbé de Gedoyn 12. 4 vol. 1732.

## R

R Efutation des Critiques de Mr. Bayle sur St. Augustin. 4. 1732.

## S

S Cience des Ingenieurs dans la Conduite des Travaux de Fortification & d'Architecture civile par Bellidor. 4. *avec fig.* 1734.

Sermons du P. Bourdaloue. 12. 15. vol. 1734.

## T

T Raité des Dissentions par Swifs pour servir de suite du Comte de Tonneau. 12. 1733.

—— des bornes de la Puissance Ecclesias: & de la Puissance civile par un Conseiller de Grand chambre 8. 1734.

## V

V Ie de Philippe II. Roi d'Espagne 12. 6 vol.

—— du Pape Alexandre VI. & de Cezar Borgia son fils 12. 2 vol. 1734.

## F I N.